Der Meeresgott

Ägir, Gymir, Hler und Njörd
Nepr, Nirdir, Nicor und Nökkvi

Band 10 der Reihe „Die Götter der Germanen"

Bücher von Harry Eilenstein:

- Astrologie (496 S.)
- Photo-Astrologie (428 S.)
- Horoskop und Seele (120 S.)
- Tarot (104 S.)
- Handbuch für Zauberlehrlinge (408 S.)
- Physik und Magie (184 S.)
- Der Lebenskraftkörper (230 S.)
- Die Chakren (100 S.)
- Meditation (140 S.)
- Drachenfeuer (124 S.)
- Krafttiere – Tiergöttinnen – Tiertänze (112 S.)
- Schwitzhütten (524 S.)
- Totempfähle (440 S.)
- Muttergöttin und Schamanen (168 S.)
- Göbekli Tepe (472 S.)
- Hathor und Re:
    Band 1: Götter und Mythen im Alten Ägypten (432 S.)
    Band 2: Die altägyptische Religion – Ursprünge, Kult und Magie (396 S.)
- Isis (508 S.)
- Die Entwicklung der indogermanischen Religionen (700 S.)
- Wurzeln und Zweige der indogermanischen Religion (224 S.)
- Der Kessel von Gundestrup (220 S.)
- Der Chiemsee-Kessel (76)
- Cernunnos (690 S.)
- Christus (60 S.)
- Odin (300 S.)
- Die Götter der Germanen (Band 1 – 80)
- Dakini (80 S.)
- Kursus der praktischen Kabbala (150 S.)
- Eltern der Erde (450 S.)
- Blüten des Lebensbaumes:
    Band 1: Die Struktur des kabbalistischen Lebensbaumes (370 S.)
    Band 2: Der kabbalistische Lebensbaum als Forschungshilfsmittel (580 S.)
    Band 3: Der kabbalistische Lebensbaum als spirituelle Landkarte (520 S.)
- Über die Freude (100 S.)
- Das Geheimnis des inneren Friedens (252 S.)
- Von innerer Fülle zu äußerem Gedeihen (52 S.)
- Das Beziehungsmandala (52 S.)
- Die Symbolik der Krankheiten (76 S.)

- König Athelstan (104 S.)

Kontakt: www.HarryEilenstein.de / Harry.Eilenstein@web.de
Impressum: Copyright: 2011 by Harry Eilenstein – Alle Rechte, insbesondere auch das der Übersetzung, vorbehalten. Kein Teil des Buches darf ohne schriftliche Genehmigung des Autors und des Verlages (nicht als Fotokopie, Mikrofilm, auf elektronischen Datenträgern oder im Internet) reproduziert, übersetzt, gespeichert oder verbreitet werden.
Herstellung und Verlag: BoD - Books on Demand, Norderstedt   **ISBN:** 9783743181625

Die Themen der einzelnen Bände der Reihe „Die Götter der Germanen"

1. Die Entwicklung der germanischen Religion
2. Lexikon der germanischen Religion
3. Der ursprüngliche Göttervater Tyr
4. Tyr in der Unterwelt: der Schmied Wieland
5. Tyr in der Unterwelt: der Riesenkönig   Teil 1
6. Tyr in der Unterwelt: der Riesenkönig   Teil 2
7. Tyr in der Unterwelt: der Zwergenkönig
8. Der Himmelswächter Heimdall
9. Der Sommergott Baldur
10. Der Meeresgott: Ägir, Hler und Njörd
11. Der Eibengott Ullr
12. Die Zwillingsgötter Alcis
13. Der neue Göttervater Odin   Teil 1
14. Der neue Göttervater Odin   Teil 2
15. Der Fruchtbarkeitsgott Freyr
16. Der Chaos-Gott Loki
17. Der Donnergott Thor
18. Der Priestergott Hönir
19. Die Göttersöhne
20. Die unbekannteren Götter
21. Die Göttermutter Frigg
22. Die Liebesgöttin: Freya und Menglöd
23. Die Erdgöttinnen
24. Die Korngöttin Sif
25. Die Apfel-Göttin Idun
26. Die Hügelgrab-Jenseitsgöttin Hel
27. Die Meeres-Jenseitsgöttin Ran
28. Die unbekannteren Jenseitsgöttinnen
29. Die unbekannteren Göttinnen
30. Die Nornen
31. Die Walküren
32. Die Zwerge
33. Der Urriese Ymir
34. Die Riesen
35. Die Riesinnen
36. Mythologische Wesen
37. Mythologische Priester und Priesterinnen
38. Sigurd/Siegfried
39. Helden und Göttersöhne

40. Die Symbolik der Vögel und Insekten
41. Die Symbolik der Schlangen, Drachen und Ungeheuer
42. Die Symbolik der Herdentiere

43. Die Symbolik der Raubtiere
44. Die Symbolik der Wassertiere und sonstigen Tiere
45. Die Symbolik der Pflanzen
46. Die Symbolik der Farben
47. Die Symbolik der Zahlen
48. Die Symbolik von Sonne, Mond und Sternen
49. Das Jenseits
50. Seelenvogel, Utiseta und Einweihung
51. Wiederzeugung und Wiedergeburt
52. Elemente der Kosmologie
53. Der Weltenbaum
54. Die Symbolik der Himmelsrichtungen und der Jahreszeiten
55. Mythologische Motive

56. Der Tempel
57. Die Einrichtung des Tempels
58. Priesterin – Seherin – Zauberin – Hexe
59. Priester – Seher – Zauberer
60. Rituelle Kleidung und Schmuck
61. Skalden und Skaldinnen
62 Kriegerinnen und Ekstase-Krieger

63. Die Symbolik der Körperteile
64. Magie und Ritual
65. Gestaltwandlungen
66. Magische Waffen
67. Magische Werkzeuge und Gegenstände
68. Zaubersprüche
69. Göttermet
70. Zaubertränke
71. Träume, Omen und Orakel
72. Runen
73. Sozial-religiöse Rituale

74. Weisheiten und Sprichworte
75. Kenningar
76. Rätsel

77. Die vollständige Edda des Snorri Sturluson
78. Frühe Skaldenlieder
79. Mythologische Sagas
80. Hymnen an die germanischen Götter

Inhaltsverzeichnis

I Der Meeresgott in der germanischen Überlieferung — 10
I 1. **Ägir** in der germanischen Überlieferung — 10
- I 1. a) Der Name „Ägir" — 10
- I 1. b) Hymir-Lied — 11
- I 1. c) Lokasenna — 13
- I 1. d) Skaldskaparmal — 14
- I 1. e) Skaldskaparmal — 15
- I 1. f) Skaldskaparmal — 16
- I 1. g) Fridthjof der Kühne — 16
- I 1. h) Skaldskaparmal — 17
- I 1. i) Kenningar — 18
- I 1. j) Thulur — 19
- I 1. k) Die Saga über Viglund den Blonden — 19
- I 1. l) Bjarni ason: Fragment — 19
- I 1. m) Skaldskaparmal — 21
- I 1. n) Skaldskaparmal — 21
- I 1. o) Skaldskaparmal — 22
- I 1. p) Thulur — 23
- I 1. q) Ecken-Lied — 24
- I 1. r) Grimm: Deutsche Mythologie — 24
- I 1. s) Zusammenfassung — 27

I 2. **Gymir** in der germanischen Überlieferung — 30
- I 2. a) Der Name „Gymir" — 30
- I 2. b) Thulur — 31
- I 2. c) Kenningar — 31
- I 2. d) Thulur — 32
- I 2. e) Lokasenna — 32
- I 1. f) Skaldskaparmal — 33
- I 1. g) Skaldskaparmal — 33
- I 2. h) Skirnir-Lied — 33
- I 2. i) Gylfis Vision — 37
- I 2. j) Hyndla-Lied — 37
- I 2. k) Gylfis Vision — 38
- I 2. l) Zusammenfassung — 38

I 3.	**Gyma** in der germanischen Überlieferung	40
I 3. a)	*Der Name „Gymir"*	*40*
I 3. b)	*Thulur*	*40*
I 3. c)	*Zusammenfassung*	*40*
I 4.	**Vid-Gymnir** in der germanischen Überlieferung	41
I 4. a)	*Der Name „Vid-Gymir"*	*41*
I 4. b)	*Skaldskaparmal*	*41*
I 4. c)	*Zusammenfassung*	*43*
I 5.	**Hler** in der germanischen Überlieferung	44
I 5. a)	*Der Name „Hler"*	*44*
I 5. b)	*Skaldskaparmal*	*45*
I 5. c)	*Harbard-Lied*	*45*
I 5. d)	*Fundinn Noregr*	*46*
I 5. e)	*Die Saga der Orkney-Leute*	*47*
I 5. f)	*Chronicon Lethrense*	*47*
I 5. g)	*Die Saga der Orkney-Leute*	*51*
I 5. h)	*Kennignar*	*51*
I 5. i)	*Ynglingatal*	*52*
I 5. j)	*Zusammenfassung*	*53*
I 6.	**Nepr** in der germanischen Überlieferung	54
I 6. a)	*Der Name „Nepr"*	*54*
I 6. b)	*Thulur*	*54*
I 6. c)	*Thulur*	*56*
I 6. d)	*Gylfis Vision*	*56*
I 6. e)	*Gylfis Vision*	*57*
I 6. f)	*Zusammenfassung*	*57*
I 7.	**Nökkvi** in der germanischen Überlieferung	58
I 7. a)	*Der Name „Nökkvi"*	*58*
I 7. b)	*Hyndla-Lied*	*58*
I 7. c)	*Mit „Nökkvi" zusammengesetzte Substantive*	*58*
I 7. d)	*Zusammenfassung*	*59*
I 8.	**Nicor** in der germanischen Überlieferung	60
I 8. a)	*Der Name „Nicor"*	*60*
I 8. b)	*Beowulf-Epos*	*60*
I 8. c)	*Odins Beiname „Hnikarr"*	*61*
I 8. d)	*Zusammenfassung*	*61*

I 9. **Nirdir** in der germanischen Überlieferung		62
I 9. a)	Der Name „Nirdir"	62
I 9. b)	Kenningar	62
I 9. c)	Zusammenfassung	63
I 10. **Njörd** in der germanischen Überlieferung		64
I 10. a)	Der Name „Njörd"	64
I 10. b)	Asen-Heitis	65
I 10. c)	Skaldskaparmal	66
I 10. d)	Gylfis Vision	66
I 10. e)	Heimskringla	67
I 10. f)	Saga über Olaf den Ruhmreichen	67
I 10. g)	Heimskringla	68
I 10. h)	Huldar-Saga	68
I 10. i)	Fornjot und seine Verwandten	69
I 10. j)	Islendinga-Buch	69
I 10. k)	Grimnir-Lied	71
I 10. l)	Historia Norwegiae	72
I 10. m)	Grimnir-Lied	72
I 10. n)	Ynglinga-Saga	73
I 10. o)	Thrym-Lied	73
I 10. p)	Skaldskaparmal	73
I 10. q)	Skaldskaparmal	74
I 10. r)	Ynglinga-Saga	74
I 10. s)	Saga über Egil Skallagrimsson	75
I 10. t)	Saga über Egil Skallagrimsson	76
I 10. u)	Arinbjarnar-Kvida	77
I 10. v)	Skaldskaparmal	77
I 10. w)	Gylfis Vision	77
I 10. x)	Lokasenna	78
I 10. y)	Heimskringla	80
I 10. z)	Ynglinga-Saga	80
I 10. aa)	Die Saga über Hedin und Högni	81
I 10. ab)	Ynglinga-Saga	81
I 10. ac)	Skaldskaparmal	82
I 10. ad)	Gylfis Vision	87
I 10. ae)	Skaldskaparmal	89
I 10. af)	Ynglinga-Saga	90
I 10. ag)	Lied des Thordr Sjarek-Sohn	91
I 10. ah)	Haleygjatal	91

I 10. ai)	Gesta danorum	*92*
I 10. aj)	Gylfis Vision	*93*
I 10. ak)	Skirnir-Lied	*95*
I 10. al)	Skirnir-Lied	*95*
I 10. am)	Die ältere Huldar-Saga	*96*
I 10. an)	Ynglinga-Saga	*97*
I 10. ao)	Die Saga über König Hakon den Guten	*98*
I 10. ap)	Hauksbok	*100*
I 10. aq)	Die Saga über Hallfredr Ärger-Skalde	*101*
I 10. ar)	Wafthrudnir-Lied	*101*
I 10. as)	Saturn	*102*
I 10. at)	Brauchtum	*102*
I 10. au)	Sonnenlied	*103*
I 10. av)	Ortsnamen	*103*
I 10. aw)	Tacitus	*104*
I 10. ax)	Gylfis Vision	*105*
I 10. ay)	Die Saga über Bosi und Herraud	*105*
I 10. az)	Kenningar	*106*
I 10. ba)	Zusammenfassung	*108*

II Der Meeresgott in der indogermanischen Überlieferung **112**

II 1. Der Meeresgott bei den West-Indogermanen 113
- *II 1. a) Der Meeresgott bei den Kelten* *113*
- *II 1. b) Der Meeresgott bei den Römern* *113*
- *II 1. c) Der Meeresgott bei den Kelto-Romanen* *113*
- *II 1. d) Der Meeresgott bei den Germanen* *114*
- *II 1. e) Der Meeresgott bei den Germano-Romanen* *114*
- *II 1. f) Der Meeresgott bei den Slawen* *114*
- *II 1. g) Der Meeresgott bei den West-Indogermanen* *114*

II 2. Der Meeresgott bei den Süd-Indogermanen 115
- *II 2. a) Der Meeresgott bei den Hethitern* *115*
- *II 2. b) Der Meeresgott bei den Süd-Indogermanen* *115*

II 3. Der Meeresgott bei den Ost-Indogermanen 116
- *II 3. a) Der Meeresgott bei den Persern* *116*
- *II 3. b) Der Meeresgott bei den Indern* *116*
- *II 3. c) Der Meeresgott bei den Indo-Persern* *116*
- *II 3. d) Der Meeresgott bei den Skythen* *116*
- *II 3. e) Der Meeresgott bei den Skytho-Indern* *117*
- *II 3. f) Der Meeresgott bei den Griechen* *117*

II 3. g) Der Meeresgott bei den Thrakern	*119*
II 3. h) Der Meeresgott bei den Ost-Indogermanen	*119*
II 4. Der Meeresgott bei den Indogermanen	119

III Der Meeresgott in der jungsteinzeitlichen Überlieferung — **120**

III 1. Der Meeresgott bei den Nordvölkern	121
III 1. a) Der Meeresgott bei den Indogermanen	*121*
III 1. b) Der Meeresgott bei den Hurritern	*121*
III 1. c) Der Meeresgott bei den Nordvölkern	*122*
III 2. Der Meeresgott bei den Ostvölkern	123
III 2. a) Der Meeresgott bei den Bewohnern von Harappa	*123*
III 2. b) Der Meeresgott bei den Ostvölkern	*123*
III 3. Der Meeresgott bei den Zentralvölkern	124
III 3. a) Der Meeresgott bei den Sumerern und Babyloniern	*124*
III 3. b) Der Meeresgott in der Megalith-Kultur	*124*
III 3. c) Der Meeresgott bei den Zentralvölkern	*125*
III 4. Der Meeresgott bei den Südwestvölkern	126
III 4. a) Der Meeresgott bei den Ägyptern	*126*
III 4. b) Der Meeresgott bei den Südwestvölkern	*127*
III 5. Der Meeresgott bei den frühen Völkern	128
III 5. a) Der Meeresgott bei den Bewohnern von Çatal Höyük	*128*
III 5. a) Der Meeresgott bei den Jägern von Göbekli Tepe, Nevali Cori und Jericho	*128*
III 5. c) Der Meeresgott bei den frühen Völkern	*128*
III 6. Der Meeresgott in der Jungsteinzeit	129

IV Der Meeresgott in der altsteinzeitlichen Überlieferung — **130**

V Die Biographie des Meeresgottes — **131**

VI Das Aussehen des Meeresgottes — **133**

VII Zugang zu dem Meeresgott — **139**

VIII Hymnen an den Meeresgott — 141
VIII 1. Die Mythen des Meeresgottes — 141
VIII 1. a) An den Meeresgott — *141*
VIII 2. Bitten an den Meeresgottes — 149
VIII 2. a) Bitten an Niörd — *149*

IX Traumreisen zu dem Meeresgott — 150
IX 1. Traumreisen zu den Asen-Meeresgöttern — 150
IX 1. a) Traumreise zu Ägir — *150*
IX 1. b) Traumreise zu Hler — *151*
IX 1. c) Traumreise zu Gymir — *152*
IX 1. d) Traumreise zu Nicor — *153*
IX 1. e) Traumreise zu Nepr — *154*
IX 1. f) Traumreise zu Nökkvi — *155*
IX 1. g) zweite Traumreise zu Ägir — *155*
IX 2. Traumreisen zu den Wanen-Meeresgöttern — 157
IX 2. a) Traumreise zu Nirdir — *157*
IX 2. b) Traumreise zu Niörd — *157*
IX 3. Traumreisen zu den west-indogermanischen Meeresgöttern — 159
IX 3. a) Traumreise zu Poseidon, Neptun, Lir und Ägir — *159*
IX 3. b) Traumreise zu Poseidon — *161*

X Der Meeresgott heute — 166

Themenverzeichnis — 167

I Der Meeresgott in der germanischen Überlieferung

I 1. Ägir in der germanischen Überlieferung

Der bekanntes Name des Meeresgottes bzw. Meeresriesen in der germanischen Mythologie ist Ägir.

I 1. a) Der Name „Ägir"

Der Name dieses Gottes der See wurde auch als Bezeichnung des Meeres benutzt. Er geht letztlich auf das west-indogermanische Substantiv „heakwea" für „Wasser, Fluß" zurück.

Manchmal scheint der Name „Ägir" jedoch auch die Bedeutung „Schrecken" gehabt zu haben, was dem Namen seiner Frau Ran, der „Räuberin" bedeutet, entspricht.

Der Name „Ägir" ist mit zwei altnordischen Substantiven verwandt:
a   - Fluß (althochdeutsch/altsächsisch: aha = Fluß => Ach, Ache, Ahr)
ey   - Insel („Land im Wasser") (angelsächsisch: ea = Wasser, Fluß;
           englisch: Island; althochdeutsch: Eiland)

die Entstehung des Namens „Ägir"		
west-indogermanisch	*indogermanische Einzelsprachen*	*Altnordisch*
hekwea (Wasser, Fluß)	Germanen — *agwajaz* (Meer) *agwjo* (Aue)	*a* (Fluß) *ey* (Insel) *Ägir* (Meer, Meeresgott)
	Römer — *aqua* („Wasser")	
	Griechen — *Ägäis* („Meer" oder ein Sagenkönig)	

Ägirs Name bedeutet „Meer". Ägir hat die Nebenbedeutung „Schrecklicher", was sich auf das Meer beziehen wird.

I 1. b) Hymir-Lied

In diesem Lied wird beschrieben, wie die Götter bei Ägir ein Met-Fest feiern wollen und feststellen, daß ihnen dafür der Braukessel fehlt. Tyr wußte Rat und er holte zusammen mit Thor einen solchen Kessel von Tyrs Vater, dem Riesen Hymir.

Nach allerlei Thor-typischen Turbulenzen einschließlich der Ermordung des Hymir kehren die beiden Asen schließlich mit dem Kessel zu Ägir zurück, der jetzt jedes Jahr Met darin braut und die Götter im Spätsommer zum Met-Trinken einlädt.

Die in der ersten Strophe beschrieben Umstände lassen vermuten, daß es sich bei diesen Met-Festen ursprünglich einmal um ein Ritual gehandelt haben muß. Für diese Deutung spricht auch, daß der Met eine wichtige Rolle in den indogermanischen Zeremonien hatte, wie sich z.B. an dem Met der Kelten, dem Nektar ambrosia („Unsterblichkeits-Honig") der Griechen, dem Haoma der Perser oder dem Soma amrita („Unsterblichkeits-Trank") der Inder zeigt.

Dieser Trank scheint eng mit dem Göttervater verbunden gewesen zu sein, da die beiden Asen den Braukessel von Tyrs Vater, dem Riesen Hymir holen. Im allgemeinen ist der Göttermet im Besitz des Odin, der Tyrs Nachfolger als Göttervater war.

Auch das in der letzten Strophe des Hymir-Liedes erwähnte alljährliche Met-Fest im Herbst läßt auf ein Ritual schließen.

Ägir wird in diesem Lied als „Riese" bezeichnet, aber er wird als der Freund der Götter betrachtet. Er lebt zwar im Meer und nicht in Asgard, aber ansonsten besteht kein Unterschied zwischen ihm und den Asen.

Der folgende Text ist eine wörtliche Übersetzung, da die „klassische Version" von Karl Simrock an etlichen Stellen von dem Original abweicht.

*In alter Zeit haben die Götter
gemeinsam ein Fest gefeiert
Und suchten nach Trank
ehe sie gesättigt waren.*

*Sie schüttelten Stäbe,
besahen das Opferblut –
Reiche Kost fanden sie
in Ägirs Halle.*

Das „Schütteln der Stäbe" bedeutet, daß die Götter mit Hilfe des Runenstab-Orakels eine Antwort suchen.

*Der Felsbewohner
saß fröhlich wie ein Junge,
doch schon bald glich er
einem erblindeten Mann,*

*denn der Junge des Ygg
starrte ihm in die Augen:
„Du wirst sofort
den Göttern ein Fest bereiten!"*

    Fels = Hügelgrab; dessen Bewohner = Riese = Ägir
    erblinden = angstvoll
    Ygg = Odin; dessen Junge = Thor

*Der Wort-Sprecher schuf
dem Riesen Arbeit,
der daher nach Rache
an den Götter suchte –*

*Er bat Sifs Gatten,
einen Kessel zu bringen:
„Darin werde ich für euch alle
Bier brauen."*

    Wort-Sprecher = Thor
    Riese = Ägir
    Sif = Korngöttin; deren Gatte = Thor

… … …
… … …
… … …

*Der Mächtige kam
zum Rat der Götter
und brachte den Kessel mit,
der einst Hymir gehört hatte.*

*Da konnte die Götter
glücklich ihr Bier trinken
in Ägirs Halle,
wenn es Herbst wurde.*

Mächtiger = Thor

> Ägir ist ein Riese. Er bereitet den Göttern im Herbst ein Fest, für das er in dem Kessel des Tyr-Hymir, den Thor dem Hymir geraubt hat, Bier braut.

I 1. c) Lokasenna

In dem Lied „Ägirs Trinkgelage", das auch „Lokis Zankreden" genannt wurde, wird auch von einem Met-Fest bei Ägir berichtet, das allerdings durch Lokis Spott und Bissigkeit völlig verdorben wird.

Ägir, der mit anderem Namen Gymir hieß, bereitete den Asen ein Gastmahl, nachdem er den großen Kessel erlangt hatte, wie eben gesagt ist. Zu diesem Gastmahl kam Odin und Frigg, sein Weib.
Thor kam nicht, denn er war auf der Ostfahrt. Sif war zugegen, Thors Weib, desgleichen Bragi und Idun seine Gemahlin.
Auch Tyr war da, der nur eine Hand hatte, denn der Fenriswolf hatte ihm die andre abgebissen, als er gebunden wurde.
Da war auch Niörd und Skadi, sein Weib, Freyr und Freyja, und Widar, Odins Sohn. Auch Loki war da und Freyrs Diener Byggwir und Beyla. Da waren noch viele Asen und Alfen.
Ägir hatte zwei Diener, Fimafeng und Eldir.
Leuchtendes Gold diente statt brennenden Lichtes.
Das Ael trug sich selber auf.
Der Ort hatte sehr heiligen Frieden.
Alle Gäste rühmten, wie gut Ägirs Leute sie bedienten. Loki, der das nicht hören mochte, erschlug den Fimafeng. Da schüttelten die Asen ihre Schilde und rannten wider Loki und verfolgten ihn in den Wald und fuhren dann zu dem Mahl.

Im letzten Vers wird Ägir noch einmal von Loki erwähnt. Auch hier erscheint Ägir lediglich als der Gastgeber des Met-Festes:

Ein Mahl gabst Du, Ägir; nicht mehr hinfort
Wirst Du die Götter bewirten.
All Dein Eigentum, das hier innen ist,
Frißt die Flamme
Und raschelt Dir über den Rücken.

> Ägir wird auch Gymir genannt.
> Ägirs Halle hatte einen sehr heiligen Frieden, d.h. sie war ein Tempel. Ägir muß folglich ein Gott gewesen sein.
> Leuchtendes Gold erhellt Ägirs Halle. Dies ist eine Umdeutung der goldenen Sonne bzw. von Tyrs Sonnenschwert und Tyrs Sonnenschild in der Wasserunterwelt. Ägir ist Tyr in der nächtlichen bzw. winterlichen Wasserunterwelt.
> Loki ist der Feind des Ägir und verbrennt dessen Halle. Das bestätigt die Vermutung, daß Ägir der ehemalige Sonnengott-Göttervater Tyr als Riese in der Wasserunterwelt ist.
> Ägir hat zwei Diener: Fimafeng („Fünffinger") und Eldir („Feuer"). Sie werden auf die beiden Alcis-Söhne des Tyr zurückgehen.
> Das Bier in Ägirs Halle trug sich selber auf. Ägirs Halle muß daher ein ganz besonderer Ort sein – die Wasserunterwelt.
> Thor hat den Kessel dem Tyr-Hymir geraubt (und dabei Hymir getötet und seinen Tempel zerstört), damit Tyr-Ägir für die Asen Bier braut. Hier wird die Unterwerfung des Tyr durch Thor und Odin um 500 n.Chr. geschildert.

I 1. d) Skaldskaparmal

Dieselbe Geschichte wird auch hier berichtet:

Ägir ging nach Asgard zu einem Fest, aber als es sich bereit machte, nach Hause zurückzukehren, lud er Odin und all die Asen ein, ihn in drei Monaten besuchen zu kommen.

Zuerst kamen Odin und Njörd, Freyr, Tyr, Bragi, Widar, Loki, und ebenso die Asinnen: Frigg, Freya, Gefjun, Skadi, Idunn, Sif. Thor war nicht da – er war in die östlichen Länder gezogen um Trolle zu töten.

Als die Götter sich auf ihren Plätzen niedergelassen hatten, ließ Ägir sofort Gold hereinbringen und auf den Boden der Halle legen und das Gold strahlte Licht aus und erleuchtete die Halle wie Feuer: und das Gold wurde bei diesem Festessen als Beleuchtung benutzt – so wie in Walhalla (leuchtende) Schwerter anstelle von Feuern benutzt wurden.

Dann tauschte Loki scharfe Worte mit all den Göttern aus und erschlug einen von Ägirs Leibeigenen – den, der „Fünf-Finger" genannt wurde; ein anderer seiner Leibeigenen wurde „Feuer-Entzünder" genannt.

Ran ist der Name von Ägirs Frau und sie haben neun Töchter an der Zahl – wie wir bereits geschrieben haben.

Auf diesem Fest brachten sich alle Dinge selber auf die Tafel, sowohl Speise als Bier und auch alle Gerätschaften, die zum Speisen nötig waren.
Die Asen entdeckten, daß Ran dieses Netz hat, mit dem sie nach Menschen zu fischen pflegte, die aufs Meer hinausfuhren.
Nun soll diese Geschichte zeigen, woher es kommt, daß das Gold Feuer oder Licht oder Helligkeit des Ägir, der Ran oder der Töchter des Ägir genannt wird; und diese Umschreibungen werden nun solcherart benutzt, daß Gold Feuer des Meeres und aller Namen des Meeres genannt wird – so wie auch Ägir und Ran Namen haben, die mit dem Meer assoziiert werden. Daher wird Gold nun Feuer des Wassers oder der Flüsse oder aller Flußnamen genannt.

Das Herbstfest der Asen bei Ägir findet drei Monate (Dauer des Sommers) nach dem Frühlingsfest bei dem Asen, zu dem Ägir eingeladen war, statt.
Odin hat Tyr-Ägir bei seiner Absetzung um 500 n.Chr. dessen Sonnenschwert fortgenommen und benutzt es jetzt zum Erleuchten seiner Halle. (Mit dem vervielfältigten Sonnenschild des Tyr hat er seine Halle wie mit Schindeln gedeckt.)
Ägirs Frau ist die Meeresgöttin Ran.
Ägir gehört wie Ran zum Meer.
Ägir hat zusammen mit Ran neun Töchter.

I 1. e) Skaldskaparmal

Wie soll man Gold umschreiben? So: indem man es Ägirs Feuer nennt, ...

Die Gold-Kenning „Ägirs Feuer" steht an erster Stelle einer langen Aufzählung von Gold-Kenningarn – sie ist sehr alt und weit verbreitet und sehr beliebt gewesen.
„Ägirs Feuer" ist sein Sonnen-Schwert und sein Sonnen-Schild, mit dem er seine Halle in der Wasserunterwelt erhellt: Er ist der Sonnengott-Göttervater Tyr im nächtlichen Jenseits – er ist die goldene Sonne, die abends im Meer versunken ist und nun „goldenes Feuer im Wasser" ist.

Gold wird „Ägirs Feuer" genannt. „Feuer" ist auch eine Umschreibung für „Schwert" und das Schwert des Tyr-Ägir ist ein goldenes Sonnenschwert.

I 1. f)   Skaldskaparmal

Es wird erzählt, daß Ran Ägirs Frau ist; so steht es hier geschrieben:

Die Schwerter der Tiefe schossen zum Himmel empor,
mit schrecklicher Macht tobte die See:
Ich dachte, unsere Stämme würde die Wolken aufschneiden –
Rans Weg bäumte sich zum Mond empor.

Die „Schwerter der Tiefe" sind die Wogen des Meeres. Die Skalden schätzten Verse, in denen Gegensätze aufeinanderprallten wie „Tiefe" und „Himmel".

Die „Stämme" sind die Masten der Drachenboote. Die Wolken hingen so tief, daß die Masten in sie hineinragten.

„Rans Weg" ist die Oberfläche des Meeres – offenbar wurde das Schiff von den heftigsten Brechern hin- und hergeworfen.

Die Aussage, daß Ran Ägirs Frau ist, findet sich hier allerdings nur in Snorris Kommentar und nicht in den Versen selber ...

> Ran ist Ägirs Frau.

I 1. g)   Fridthjof der Kühne

Fridthof und seine Männer befinden sich in den beiden folgenden Szenen in ihrem Drachenschiff inmitten eines heftigen Sturmes, den ihnen zwei Zauberinnen gesandt haben.

Da sang Fridthjof:

„Hoch wölbt sich die See empor,
die Wogen und die Wolken vereinen sich,
alte Zaubersprüche sind die Ursache –
sie rufen die Brecher herbei;
Ich will nicht im Sturm
mit Ägir streiten.
Mögen die eisbedeckten
Solund-Inseln uns schützen!"

… … …

Da zerschnitt er den Ring, Ingeborgs Geschenk, und verteilte die Stücke unter seinen Männern und sang diese Strophe:

„Bevor wir vor Ägir fallen,
soll mein Ring zerschlagen werden,
der dem reichen Vater des Halfdan gehörte.
Rot ist er:
Gold soll auf den Gästen glänzen,
falls wir Gastfreundschaft brauchen:
Das geziemt sich für Männer des Kampfes
in der Mitte der Halle der Ran."

Die Germanen nannten Gold „rot".
Gastfreundschaft: Die Ertrunkenen gelangten in die Halle der Ran am Meeresboden.

Ägir ist der Gott des Meeres.

I 1. h)   Skaldskaparmal

„Was sind die Namen der See?"
„Sie wird 'Meer' genannt und 'Ägir', 'Gymir', 'Hler', 'Tiefe', 'Weg', 'Fischgründe', 'Salz', 'See' und 'Feindselige'.
So sang Arnorr, wie wir bereits zuvor geschrieben haben:

Der Hof soll nun erfahren,
wie es der kühn-gesinnte König der Jarle mit der See aufnahm,
wie der unbeirrbare Fürst nicht nachließ,
Ägir Widerstand zu leisten.

Hier wird das Meer 'See' und 'Ägir' genannt."

| Ägir ist der Gott des Meeres. |
| Ägir ist mit Gymir und Hler identisch. |

I 1. i) Kenningar

In den Kenningarn erscheint Ägir stets als Meeres-Riese/Gott.

Meer	*Ägir*	Meeres-Riese = Tyr in der Wasserunterwelt	Snorri Sturluson	Skaldskaparmal
Meer	*Ebene des Ägir*	Ägir = Meeresgott	Gamli Kanon	Harmsol
Meeres-riese	*Ägir*	Tyr im Meer-Jenseits	anonyme Thulur	Feuer-Heitis
Ägir	*Felsbewohner*	Felsbewohner = Riese	anonym	Hymir-Lied
Meer	*Feld des Ägir*		Gamli Kanon	Harmsol
Meer	*Ägirs weite Kiefer*	Ober- und Unterkiefer = Ufer des weiten Meeres	Refr	(Skaldskaparmal)
Ran	*kalte Seherinnen-Frau des Winterlichen*	Winterlicher = Ägir = Tyr in der Winter-Unterwelt; seine Seherinnen-Frau = Ran	Refr	(Skaldskaparmal)
Meer	*Ägirs Sturm-frohe Töchter*		Steinn	(Skaldskaparmal)
Wogen	*tobende Ägirs-Töchter*		anonym	1. Lied über Helgi Hunding-Töter
Gold	*Ägirs Feuer*	Ägir = Sonnengott-Göttervater Tyr in der Wasserunterwelt	Snorri Sturluson	Skaldskaparmal
Gold	*Blitze der Ebene des Ägir*	Ägir = Meeresgott; seine Ebene = Meer	Gamli Kanon	Harmsol
Schwert	*Ägir*	Riese = Schwertgott-Göttervater Tyr als Riese im Jenseits	Snorri Sturluson	Thulur
Krieger	*Ägir des Eschen-Seils*	Eschen(holz)-Seil = Speer; Ägir = Tyr-Riese; Tyr-Riese des Speers = Krieger	Eilifir Godruna-Sohn	Thorsdrapa

Die vorletzte Umschreibung ist die interessanteste, da die Möglichkeit, „Ägir" als Umschreibung für „Schwert" zu benutzen, die Auffassung des Riesen Ägir als „Tyr im Jenseits" bestätigt, da Tyr einst der Schwertgott-Kriegsgott und der Sonnengott-Göttervater gewesen ist.

> Tyr-Ägir ist eng mit dem Tyr-Schwert assoziiert worden.

I 1. j) Thulur

Die Namen für 'Meer':

See, Schweigende,
Salz, Ägir, Ozean,
Gewässer, Meer, Weit-Wasser,
'das vor dem Bug Liegende' und Bug,
Lautes, sich-Vorbeugendes, Weites,
Aufgebrachtes, Schwingendes und Weit-Meer,
Saugendes, Sog, Zusammenkommendes,
Anschwellendes, Meeresströmung und Fjord.

Ägir ist der Gott des Meeres.

I 1. k) Die Saga über Viglund den Blonden

Ketilrid:
„Ein kurzes Stück Weg habe ich ihn begleitet,
den Herrn des Glanzes, auf dem grünen Feld;
doch weiter als alle Fahrten
folgt ihm mein Herz nach.
Ja, ich wäre ihm noch weiter gefolgt,
wenn Land jenseits des Hafens gewesen wäre
und die ganze Einöde des Ägir
zu grünen Auen geworden wäre."

Ägir ist der Meeresgott.

I 1. l) Bjarni ason: Fragment

Seht, was diesem Fürsten geschah:
Eine Wut-Tat: Ihm wurden die Augen herausgeschlagen
(das war eine Fehde!) von den Männern –
Dem Heimdall, dem Baum des Honigs.

   Fürst = Magnus der Blinde
   Heimdall = Fürst = Magnus der Blinde
   Baum = Mann; Honig = Gold; Mann des Goldes = Fürst = Magnus der Blinde

So kam es, daß von des Eiben-Herrn Haupt
der ein Ausgestoßener wurde,
der bitter unter dem Himmel wanderte,
rotes Blut herabrann.

   Eiben-Herr = Bogen-Mann = Krieger

Der Fürst nahm den Insel-erfüllten Weg
durch den Erd-Gürtel nach Vierzig-Stäbe.

   Insel-erfüllter Weg = Meer
   Erd-Gürtel = das, was wie ein Gürtel rings um Midgard ist = Meer
   Vierzig-Stäbe = Jenseits (Symbolik unbekannt)

Ägir gibt mir einen Ankerplatz,
er war Dir gnädig;
Er spricht zum Kostbar-Rad:
Die Mark-Heime sind im Schnell-Berg.

   Ankerplatz: am Ufer der Jenseitsinsel Walaskialf („Toteninsel")
   Kostbar-Rad = Sonne
   Schnell-Berg („Hnitbiörg") = schnell zufallendes (Grabkammer-)Tor = Hügelgrab

Und Lofn befreite den starken Mann
(als das Heer vom Land-Raub erschöpft schlief)
am langen Steuerruder auf dem See-Hirsch
von oben.

   Lofn = die Göttin Freya als Wiederzeugungs-Geliebte

  Ägir ist der Meeresgott und er empfängt (als ehemaliger Göttervater) den König Magnus den Blinden im Jenseits.

I 1. m) Skaldskaparmal

„Wie soll man das Meer umschreiben?"
„So: Indem man es 'Ymirs Blut' nennt, 'Besucher der Götter', 'Gatte der Ran', 'Vater der Ägir-Töchter', also von denen, die Himingläva, Dufa, Blodug-hadda, Hefring, Udr, Hrönn, Bylgja, Bara und Kolga genannt werden; 'Land der Ran und der Ägir-Töchter, der Schiffe, der namentlich genannten Schiffe, des Kieles, des Bugs, der Planken, der Plankenfugen, der Fische, des Eises'; 'Weg und Straße der Seekönige', und ebenso 'Umringer der Inseln', Haus des Sandes und des Tangs und des Rieds' und 'Land der Fischerei-Geräte, der Seevögel und des guten Windes'.

„Besucher der Götter" = Der Meeresgott Ägir besuchte in jedem Frühjahr die Götter – er ist der aus der Unterwelt zurückkehrende Tyr.

Und so sang Steinn:

Wenn die starken Wirbelwinde an den Steilküsten-Wänden
gar heftig über die Wogen brausen,
und an Ägirs Sturm-frohen Töchtern zerren,
die von grimmem Frost geboren wurden.

Und so sang Refr:

Gymirs naßkalte Seherin-Frau
lockt den Bär der gezwirnten Taue,
an dem die wütende Woge bricht,
immer wieder in Ägirs weiten Rachen.

Hier wird gesagt, daß Ägir und Gymir derselbe sind.

> Ägir ist das Meer.
> Ägirs neun Töchter sind die Meereswogen.

I 1. n) Skaldskaparmal

Es gibt neun Töchter des Ägir und der Ran. Ihre Namen sind schon zuvor genannt worden: Himingläva, Dufa, Blodughadda, Hefring, Udr, Hrönn, Bylgja, Dröfn und Kolga.

die Namen der neun Töchter des Ägir und der Ran	
Name	*Bedeutung*
Himingläva	„Himmels-Glanz" (Morgendämmerung)
Dufa	„Woge"
Blodughadda	„Blut-Haar"
Hefring	„das sich Emporhebende und wieder Absenkende" (wogendes Meer = Woge)
Udr	„Welle"
Hrönn	„Emporschäumende" (Woge)
Bylgja	„Anschwellende" (Woge)
Dröfn (in anderen Listen: Bara)	„Finstere" (dunkle Woge) „Tragende" (die das Schiff trägt)
Kolga	„Eisige" (Woge)

Ägirs neun Töchter sind die Meereswogen.

I 1. o) Skaldskaparmal

Ein Mann hieß Ägir oder Hler. Er bewohnte die Insel, das nun Hlesey heißt, und war sehr zauberkundig.

„Hler" ist ein weiterer Name für Tyr-Ägir-Gymir. Seine Insel Hlesey ist mit der Jenseitsinsel Walaskialf („Toteninsel") identisch.

Er unternahm eine Reise nach Asgard. Die Asen sahen seine Fahrt voraus und empfingen ihn freundlich, aber trügten ihn mit allerlei Sinnestäuschungen.

Diesmal kommt der ehemalige Göttervater Tyr, der hier Ägir heißt und als König von Hlesey (Läsø) aufgefaßt wird, nach Asgard. Dies ist die schon beschriebene Reise des Ägir zu den Asen, bei denen einst das Frühlingsfest gefeiert wurde, d.h. die Rückkehr des Tyr-Ägir aus der Wasserunterwelt. Diese Reise ist hier von Snorri Sturluson zu einer Rahmenhandlung für seine Erläuterungen zu der germanischen Dichtkunst benutzt worden.

In der Chronicon Lethrense erscheint der mit Ägir identische Hler ebenfalls als König von Hlesey. In dieser Chronik ist er deutlich als Tyr erkennbar.

Und am Abend, als das Trinken beginnen sollte, ließ Odin Schwerter in die Halle tragen, die waren so glänzend, daß ein Schein davon ausging und es keiner andern Beleuchtung bedurfte, während man aß und trank.

Da kamen die Asen zu ihrem Gelage und zwölf der Asen, die da zu Richtern bestellt waren, setzten sich auf ihre Hochsitze. Dies sind ihre Namen: Thor, Niörd, Freyr, Tyr, Heimdall, Bragi, Widar, Wali, Ullr, Hönir, Forseti, Loki.

Desgleichen heißen die Asinnen: Frigg, Freyja, Gefion, Idun, Gerd, Sigyn, Fulla, Nanna.

Ägir dauchte alles herrlich was er sah. Alle Wände waren mit schönen Schilden bedeckt, da war auch kräftiger Met und des Trankes genug.

Als Ägirs Nachbar saß Bragi, und während sie tranken, tauschten sie Gespräche. Da sagte Bragi dem Ägir von manchen Geschichten, die sich vordem bei den Asen zugetragen.

Bragi Odin-Sohn ist der Gott der Dichtkunst, der im folgenden Ägir diese Dichtkunst erläutert.

Ägir kommt zum (Frühlings-)Fest zu den Asen.

I 1. p) Thulur

Namen für 'Schwert':

Nun zähle ich
die Schwert-Namen auf:
... ...
Lohe und Hand-Lärmer,
Lang-Scharf und Feuer,
Adler und Ägir,
... ...

„Ägir" ist auch eine Umschreibung für „Schwert", weil zum einen Tyr-Ägir der Schwertgott ist und weil zum anderen ein Schwert etwas „Schreckliches" ist.

I 1. q)   Ecken-Lied

In den vielen Sagen, die sich um Dietrich von Bern ranken, erscheint ein Riese mit dem Namen „Ecke", der auf „Ägir" zurückgeht.

Dieser Riese wurde durch das Versprechen, drei Jungfrauen zur Frau zu erhalten, dazu verführt, Dietrich anzugreifen. In dem Kampf wurde Ecke jedoch durch einen Huftritt des Rosses des Dietrich getötet. Dadurch erhielt Dietrich von Bern das berühmte Schwert „Eckesachs" („Ägir-Kurzschwert") des Riesen.

> Ägir erscheint als der Riese „Ecke", der ein berühmtes Schwert (das Tyr-Schwert) besitzt.

I 1. r)   Jacob Grimm: Deutsche Mythologie

In dem folgenden Text erscheint „Ägir" stets in der Schreibweise „Oegir".

In irgend einem näheren verhältnis scheint Bragi mit Oegir gestanden zu haben, und ließe sich analogie zwischen beiden behaupten, der es aber noch an weiteren gründen gebricht, so würde sich neben jenem briga, brag die wurzel braga, brôg darbieten, und das angelsächsich brôga (terror) althochdeutsch pruoko, bruogo verwandt sein.

Beziehung des Bragi zu Oegir erhellt daraus, daß in dem gedicht Oegisdrecka Bragi besonders vortritt, und dem Oegir zunächst saß; weshalb er auch in vertraulichem gespräche mit ihm göttersagen vorträgt, die davon Bragarædur (reden des Bragi) heißen. sehr schicklich, ohne zweifel, wurden diese erzählungen, wobei ihn Oegir oft mit fragen unterbricht, wie im ersten theil der edda Gângleri den vortragenden Hâr, dem vorstand der poesie in den mund gelegt.

Oegir nun ein älterer, nicht in die reihe der Asen tretender, aber friedlich mit ihnen verkehrender riesischer gott führt den namen des grausenden, schauerlichen. aus der wurzel altgermanisch ôg sind genug ableitungen in unsrer ältesten sprache entsprossen, gothisch agis φόβος, ôg φοβέομαι, althochdeutsch akiso, egiso, angelsächsich egesa horror, althochdeutsch akî, ekî, angelsächsich ege (oder êge?) terror, altnordisch œgja terrori esse, man darf hier nur œ, nicht æ schreiben.

Dem eigennamen Oegir entspräche ein gothisches Ôgeis, angelsächsisches Êge, althochdeutsch Uogi, wofür ich nur die schwache form Uogo, Oago nachweisen kann.

Oegir bezeichnet aber auch das meer selbst, sôl gengr î œginn, die sonne sinkt ins meer, geht unter; œgisior pelagus gleicht dem gothischen marisáivs, das angelsächi-

sche eagor und êgor (mare) verhalten sich zu êge wie sigor zu sige.

Wichtig ist die einstimmung des griech. ωκεανός, Ὠκεανός und Ὠγήν, woher das lateinische oceanus, Oceanus entlehnt wurde, unverwandt scheint lateinisch aequor (mare placidum), das nicht zu aqua (gothisch ahva) sondern aequus gehört.

Das rauschende element erregte schauer und den gedanken an eines gottes unmittelbare nähe; wie Vôden auch Vôma hieß, Oðinn Omi und Yggr, so werden von angelsächischen dichtern die ausdrücke vôma, svêg, brôga und egesa beinahe gleichbedeutend für geisterhafte, göttliche erscheinungen verwendet. Oegir war also ein höchst passender name und berührt sich mit den begriffen der furcht und des grauns.

Diese deutung bestätigen andere mythische vorstellungen überraschend.

In der edda ist von einem grausenerweckenden helm die rede, welcher Oegishialmr heißt: er öll qvikvendi brædast at siâ, einen solchen trug Hreiðmar, dann Fafnir, während er auf dem golde lag, und erschien allen, die ihn erblickten, desto fürchterlicher; vera undir Oegishialmi, bera Oegishialm yfir einum bedeutet furcht, ehrfurcht einflößen (Lachstal-Saga); ek bar Oegishialm yfir alla folki (Fornaldur-Saga); hafa Oegishialm î augum (Fornaldur-Saga) bezeichnet jenen fürchterlichen, scharfen blick der augen, den andere nicht aushalten, der bekannte schlangenblick, ormr î auga war etwas ähnliches.

Deutliche spur dieses nordischen helms finde ich nun in dem althochdeutschen mannsnamen Egihelm d. h. Agihelm, identisch mit der ablautenden form Uogihelm, die ich nicht aufweisen kann. aber in dem Eckenliede selbst wird Eckens kostbarer und zauberkräftiger helm, ja anderwärts Ortnits und Dietrichs helm genannt Hildegrîm, Hildegrîn, und grîma altnordisch larve, helm (name der nacht) hat sich jetzt auch in der fuldischen glosse dargeboten, scenici crîmûn setzt einen singular krîmâ larva, persona, galea voraus, so verstehen wir Krîmhilt den namen einer mit dem schreckenshelm gerüsteten Walkurie, und warum in einer andern glosse daemon durch egisgrîmolt verdeutscht wird.

Nicht anders bedeutet das angelsächische egesgrîme larve und durch sein eberbild erschreckende helm wird grîmhelm genannt. ich darf mutmaßen daß auch dem wolf in der alten thierfabel solch ein furchtbarer helm und davon selbst der name Isangrîm beigelegt wurde.

Damit sind vielfach in einander greifende vorstellungen noch nicht erschöpft: wie der helm des gottes oder helden schrecken erregte, muste es auch sein schild und schwert, und es scheint bedeutend, daß ein von zwergen geschmiedetes grauenvolles schwert, wieder nach beiden formen, in der Vilkinasaga Eckisax, in Veldeks Eneit Uokesahs (man darf nichts ändern) heißt, in dem Eckenlied Ecken sahs, wie Hildegrîn Ecken helm, Eckes helm.

In der griech. αιγίς suche ich keine wörtliche verwandtschaft, aber dieser schild des Zeus αιγίοχος, den zuweilen Athene und Apollo schütteln, verbreitet grausen, wie Oegishialmr, Hildegrîm und Eckisahs; auch an des Pluto unsichtbarmachenden helm *darf gedacht werden.*

Jener alte meergott, Oceanus und Oegir, in dessen halle gold leuchtete, wird vor allen den leuchtenden helm getragen haben, der von ihm den namen führt.

Sein althochdeutscher name muß, nach allen diesen ausführungen Aki oder Uoki lauten, und es gehört keine kühnheit mehr zu der annahme, daß in dem völlig riesenhaft gehaltnen Ecke unsrer heldensage ein niederschlag des heidnischen gottes erscheine. Eckes mythisches wesen wird durch das seiner brüder Fasolt und Abentrôt, auf die ich später zu sprechen kommen werde, bestätigt.

Wie dem griechischen Okeanos flüsse als söhne und töchter beigelegt werden, zeugt der nordoische Oegir mit Rân neun töchter, deren namen die edda auf gewässer und wellen anwendet. es ist zu erwarten, daß auch in unserm alterthum den strömen und flüssen, die meist weiblich gedacht waren, ähnliche bezüge auf den meergott zustanden.

Gerade in einem solchen örtlichen namen ist er deutlich zu erkennen. die Eider, ein fluß welcher die Sachsen von den Normannen scheidet, hieß im achten neunten jahrhundert bei den fränkischen annalisten Egidora, Agadora, Aegidora; Helmold schreibt Egdora.

Die altnordischen denkmäler setzen deutlicher Oegisdyr d. h. thüre des meers, ausgang in das meer, ostium, vielleicht auch hier mit dem nebenbegriff des schreckhaften. ein zweiter ort des namens Oegisdyr wird Landnamabok in Island genannt, woselbst sich auch ein Oegissîda (latus oceani = Seite des Meeres, Strand) findet.

Es ergibt sich weiter, daß unter der angelsächsicher benennung Fîfeldor und unter Wieglesdor bei Dietmar von Merseburg wiederum die Eider, also jenes Oegisdyr zu verstehen ist, eine variante bei Dietmar und der annalen Saxo geben Heggedor = Eggedor, Egidor.

Da nun anderwärts in angelsächsischen gedichten Fifelstreám und Fifelvæg den ocean bezeichnen, Fifelcynnes eard das land der meergeister, so könnte in Fîfel und dem daraus entstellten Wiegel eine andere veraltete benennung des Oegir gemutmaßt werden.

Der interessanteste Gedanke in diesen Betrachtungen ist der Zusammenhang zwischen Ägir/Ögir und dem „Ögis-Helm" (das „s" am Ende von „Ögis" ist die Genitiv-Endung). Da dieser Schreckens-Helm ursprünglich im Besitz des ehemaligen Göttervaters Tyr gewesen ist, bestätigt dies noch einmal die Auffassung des Ägir als dem ehemaligen Göttervater Tyr als Riese in der Wasserunterwelt.

Ägir besaß einen nach ihm benannten Helm. Er wurde „Oegishialm" („Ägir-Helm"), „Oegisgrim" („Ägir-Maskenhelm") und „Eckenhialm" („Ägir-Helm") genannt. Dies wird Tyrs goldener Sonnenhelm sein, den ihm um 500 n.Chr. Odin geraubt hat und den der neue Göttervater gelegentlich trägt.

Dieser „Oegishelm" verwandelt seinen Träger in einen Drachen, wie u.a. in der Völsungen-Saga über Fafnir berichtet wird. Der ehemalige Sonnengott-Göttervater Tyr hatte Tags im Diesseits die Gestalt eines Mannes und nachts im Jenseits die Gestalt eines Drachen.

Auch das Schwert des Tyr ist nach Ägir benannt worden: „Eckisax", „Uokesahs" („Ägir-Kurzschwert").

Eine Flußmündung oder einen Hafen nannte man „Ägir-Tor" und den Strand „Ägir-Seite".

Ägir hatte zusammen mit Ran neun Töchter, die meistens „Rans Töchter" genannt werden. Sie stellten die Wogen des Meeres dar. Da die „9" als ein Adjektiv mit der Bedeutung „zum Jenseits gehörend" benutzt wurde, sind diese „neun Töchter" eigentlich die Jenseitsgöttin und werden mit Ran identisch sein. Ran ist ursprünglich die Jenseitsgöttin gewesen, die sich am Abend mit der Sonne vereint und sie am Morgen wiedergebiert – die Sonne ist mit Tyr-Ägir identisch.

I 1. s) Zusammenfassung

Der Riese bzw. Gott Ägir ist das Meer bzw. der Herr des Meeres. Sein Name bedeutet „Meer", aber er wird auch als „Schrecklicher" aufgefaßt – eine häufige Assoziation zu dem Meer. Ägir wird auch „Gymir" genannt.

Ägirs Frau ist Ran, die von den seefahrenden Wikingern gefürchtete Göttin der Wasserunterwelt.

Die neun Töchter des Ägir und der Ran sind die Wogen des Meeres, die den Seefahrern feindlich gesonnen sind.

Eine Flußmündung oder einen Hafen nannte man „Ägir-Tor" („Tor zum Meer") und den Strand „Ägir-Seite" („Meeresrand").

Ägir ist der ehemalige Sonnengott-Göttervater Tyr in der nächtlichen Wasserunterwelt.

Er hat zwei Diener: Fimafeng („Fünffinger") und Eldir („Feuer"). Sie sind ursprünglich die beiden „Alcis" („Hirsche") genannten Söhne des Tyr gewesen, die als zwei Jünglinge und als die beiden weißen Rosse, die den Sonnenstreitwagen des Tyr ziehen, erscheinen konnten.

Ägir hatte zusammen mit Ran neun Töchter, die meistens „Rans Töchter" genannt werden. Sie stellten die Wogen des Meeres dar. Da die „9" als ein Adjektiv mit der Bedeutung „zum Jenseits gehörend" benutzt wurde, sind diese „neun Töchter" eigentlich die Jenseitsgöttin und werden mit Ran identisch sein. Ran ist ursprünglich die Jenseitsgöttin gewesen, die sich am Abend mit der Sonne vereint und sie am Morgen wiedergebiert – und die Sonne ist mit Tyr-Ägir identisch.

Der Sohn der neun Töchter des Ägir und der Ran ist der Ase Heimdall, der ebenfalls mit Tyr identisch ist. Dies ist das ursprüngliche Motiv: Die Meeresgöttin ist die Mutter des Sonnengott-Göttervaters Tyr.

Die neun Schwestern, die als Rans und Ägirs Töchter erscheinen, sind dieselben wie die „neun Mädchen der Freya-Menglöd". Menglöds Mädchen sind eine Vervielfältigung der Menglöd selber, deren Name eine Bezeichnung der Freya ist. Ihr Geliebter Svipdag zeigt durch seinen Namen, der „Tagesanbruch" bedeutet, daß auch er eine Form des Sonnengott-Göttervaters Tyr ist.

Ägir erscheint in seiner Halle als leuchtendes Gold, d.h. als die Sonne, die den Saal des Meeresgottes erhellt.

Ägir besitzt ein Schwert und kann auch selber als Name für ein Schwert verwendet werden – das bezieht sich auf das Sonnen-Schwert des Tyr. Mit diesem Schwert, das Odin dem Tyr um 500 n.Chr. nach der Absetzung des Tyr abgenommen hat, erleuchtet Odin nun seinen Saal Walhall.

Dieses Sonnen-Schwert wird auch in der Schilderung des Tyr-Surtur beschrieben. Das Schwert des Tyr ist auch nach Ägir benannt worden: „Eckisax", „Uokesahs" („Ägir-Kurzschwert").

In späteren Sagen erscheint Ägir als der Riese „Ecke" (=„Ägir"), der ein berühmtes Schwert (das Tyr-Schwert) besitzt.

Das leuchtende Gold in der Halle des Ägir, das Sonnen-Schwert und der Sonnen-Schild des Tyr-Ägir sowie die Sonne selber werden „Feuer des Ägir" genannt.

Ägir besaß einen nach ihm benannten Helm. Er wurde „Oegishialm" („Ägir-Helm"), „Oegisgrim" („Ägir-Maskenhelm") und „Eckenhialm" („Ägir-Helm") genannt. Dies wird Tyrs goldener Sonnenhelm sein, den ihm um 500 n.Chr. Odin geraubt hat und den der neue Göttervater gelegentlich trägt.

Dieser „Oegishelm" verwandelt seinen Träger in einen Drachen, wie u.a. in der Völsungen-Saga über Fafnir berichtet wird. Der ehemalige Sonnengott-Göttervater hatte Tags im Diesseits die Gestalt eines Mannes und nachts im Jenseits die Gestalt eines Drachen.

In manchen Texten wird der Name des Ögishelmes auch als „Schreckenshelm" aufgefaßt, da „Ägir" im Sinne von „Meer" aus als „Schreckliches" aufgefaßt wurde. Beide Deutungen beziehen sich auf das Jenseits: die nächtliche Sonne in der Wasserunterwelt.

Ägir hat von Thor den Braukessel erhalten, den der Donnergott diesem Riesen geraubt hat. Hymir ist der alte Tyr als Riese in der Unterwelt, der in den neuen

Mythen, die nach der Absetzung des Tyr erschaffen wurden, von Thor getötet wird. Tyr-Ägir erhält den Kessel des Tyr-Hymir und muß nun darin für die Götter beim Herbstfest Met brauen.

Das Herbstfest der Asen bei Ägir findet drei Monate (Dauer des Sommers) nach dem Frühlingsfest bei den Asen, bei dem Ägir eingeladen war, statt. Im Frühling besiegte der Sommergott Tyr in den alten Mythen den Wintergott Loki und im Herbst besiegte dann Loki den Tyr. Auch noch in den neuen Mythen verbrennt Loki bei dem Herbstfest die Halle des Ägir und tötet Fimafeng, einen der beiden Diener des Tyr-Ägir.

Ägirs Halle hatte einen sehr heiligen Frieden, d.h. sie war ein Tempel. Ägir muß folglich ein Gott gewesen sein.

Das Bier in Ägirs Halle trug sich selber auf. Ägirs Halle muß daher ein ganz besonderer Ort sein – die Wasserunterwelt.

Ägir empfängt (als ehemaliger Göttervater) den König Magnus den Blinden im Jenseits.

I 2. Gymir in der germanischen Überlieferung

Gymir ist Snorri Sturluson zufolge mit Ägir identisch.

I 2. a) Der Name „Gymir"

Das Wort „Gymir" wird auch in der Bedeutung „Meer" benutzt. Sowohl „Ägir" als auch „Gymir" bezeichnen somit die weite See.
Interessanterweise hat „Gyma", also die Feminin-Form zu „Gymir", die Bedeutung „Erde". „Gymir und Gyma" sind somit „Meer und Erde", was sehr archaisch aussieht.
Ein „Gymbill" ist ein junger Widder" und ein „Gymbr" ein einjähriges, weibliches Schaf. Es hat somit den Anschein, als ob Erde und Meer auch als Widder und Schaf angesehen worden seien. Diese Auffassung wird dadurch wahrscheinlicher, daß auch Tyr-Heimdall sowie vermutlich auch sein Gegner Loki die Gestalt eines Widders annehmen konnten.
Die Wurzel dieser Worte ist das indogermanische Substantiv „ghimo" für „Winter, Schnee".
Insgesamt entsteht somit das Bild des ehemaligen Sonnengott-Göttervaters Tyr-Ägir-Gymir in der winterlichen („Schnee") Wasserunterwelt, in der er sich bei seiner Wiederzeugung zusammen mit der Erde- und Jenseitsgöttin in einen Widder verwandelt (siehe auch „Widder" in Band 42 und „Wiederzeugung" in Band 51).

Es gibt noch eine zweite Fährte, die man verfolgen kann, um den Namen „Gymir" zu ergründen.
Tyr ist als der rangmäßig „erste Riese" dem Ymir als dem größenmäßig und altersmäßig „ersten Riesen" gleichgesetzt worden. Dies geschah vermutlich um 500 n.Chr. bei der Absetzung des Tyr als Göttervater, weil Thor den Tyr-Riesen so erschlug wie zuvor die Asen den Ymir-Riesen erschlagen hatten.
Im Hymir-Lied erscheint der Vater des Tyr, also der „alte Tyr als Riese in der Unterwelt" unter dem Namen „Hymir". Dieser Name, der „Finsterer" bedeutet, könnte gezielt als Assoziation zu „Ymir" ausgewählt worden sein. Dasselbe könnte auch auf „Gymir" zutreffen.
Wenn dies zutreffen sollte, würden sowohl „Hymir" als auch „Gymir" absichtlich eine Gleichsetzung des Tyr-Ägir mit dem von den Asen getöteten Ymir bewirkt haben.

> Der Name des mit Ägir identischen Riesen „Gymir" bedeutet „Meer" und ist die

Personifizierung des Meeres. Er wurde anscheinend auch mit dem Winter und mit dem Widder assoziiert – also mit Tyr in der Gestalt eines Widders in der winterlichen Wasserunterwelt. Auch Tyr-Heimdall wurde als Widder angesehen.

Sein Name „Gymir" sollte vermutlich wie der Name des „Hymir" eine Assoziation zu dem Namen des Urriesen Ymir hervorrufen, der wie Tyr-Gymir von den Asen ermordet worden ist.

I 2. b) Thulur

Die Namen für 'Meer':

See, Schweigende,
Salz, <u>Ägir</u>, Ozean,
Gewässer, Meer, Weit-Wasser,
'das vor dem Bug Liegende' und Bug,
Lautes, sich-Vorbeugendes, Weites,
Aufgebrachtes, Schwingendes und Weit-Meer,
Saugendes, Sog, Zusammenkommendes,
Anschwellendes, Meeresströmung und Fjord.

Sund, 'kleine Bucht', 'gute Reise',
Band, Weites,
Aufgewühltes, Flüssiges, Brecher,
Dunkles, Flut und Brandung,
Grünes, Vergnügtes,
<u>Gymir</u> und Nachgebendes,
Nagendes und Tobendes,
Tosendes, Sumpf, Zuschnappendes.

Gymir und Ägir sind beide das Meer.

I 2. c) Kenningar

Auch in den Kenningarn erscheint Gymir als Meeresgott bzw. Meeresriese.

Meeres-riese	*Gymir*	Tyr im Meer-Jenseits	Thjodolfr von Hvini	Ynglingatal
			Hofgardar-Refr Gestsson	Ferdavisur
Schiff	*Streitwagen des Gymir*	Nur wenn Gymir das Meer ist, kann der „Streitwagen des Gymir" ein Schiff sein.	Tindr Hallkel-Sohn	Hakonardrapa

Gymir ist das Meer.

I 2. d)   Thulur

Die Namen der Riesen:

*Dies ist die Aufzählung
der Namen der Riesen:
Ymir, Gangr, Mimir,
Idi und Thjazi,
Hrungnir, Hrimnir,
Hraudnir, Grimnir,
Hvedrungr, Hafli,
Hripstutr, <u>Gymir</u>.
... ...*

Gymir ist ein Riese.

I 2. e)   Lokasenna

Gymir und Ägir sind identisch:

Ägir, der mit anderem Namen Gymir hieß, bereitete den Asen ein Gastmahl, nachdem er den großen Kessel erlangt hatte, wie eben gesagt worden ist.

Gymir ist das Meer. Er ist mit Ägir identisch.

I 2. f) Skaldskaparmal

Ägir und Gymir sind zwei Namen für denselben Riesen:

Und wie Refr sang:

Gymirs naßkalte Seherinnen-Frau
lenkt den Bären der verdrehten Seile
oft in Ägirs weiten Rachen,
sodaß die wütenden Wogen brechen.

Es wird gesagt, daß Ägir und Gymir beide derselbe sind.

Gymirs „naßkalte Seherinnen-Frau" ist Ägirs Gattin Ran.
Der „Bär der verdrehten Seile" ist ein Drachenschiff. Der „Bär" drückt die Stärke des Langbootes aus und die „Seile" sind seine Takelage.
„Ägirs Rachen" sind die Wellentäler.

Gymir ist das Meer. Er ist mit Ägir identisch.

I 2. g) Skaldskaparmal

„Ägir", „Gymir" und auch „Hler" sind drei Namen für Tyr als Riese in der Wasserunterwelt.

„Was sind die Namen der See?"
"Sie wird 'Meer' genannt und 'Ägir', 'Gymir', 'Hler', 'Tiefe', 'Weg', 'Fischgründe', 'Salz', 'See' und 'Feindselige'.

Gymir ist das Meer. Er ist mit Ägir und Hler identisch.

I 2. h) Skirnir-Lied

In diesem Lied wird mehrfach über Gymir berichtet.

Freyr, der Sohn Niörds, hatte sich einst auf Hlidskialf gesetzt und überschaute die Welten alle. Da sah er nach Jötunheim und sah eine schöne Jungfrau aus ihres Vaters Haus in ihre Frauenkammer gehen. Daraus erwuchs ihm große Gemütskrankheit.
Skirnir hieß Freyrs Diener. Niordr bat ihn, Freyr zum Reden zu bringen.

Da sprach Skadi:
„Steh nun auf, Skirnir, ob Du unsern Sohn
Magst zum reden zu bewegen
Um zu erkunden, wem der Kluge wohl
So bitterböse sei."

Skirnir:
„Übler Antwort verseh ich mich von euerm Sohne,
Wenn ich die Red an ihn richte
Um das zu erkunden, wem der Kluge wohl
So bitterböse sei."

Skirnir (an Freyr):
„Sage mir, Freyr, volkwaltender Gott,
Was ich zu wissen wünsche:
Was weilst Du allein im weiten Saal,
Herr, den heilen Tag?"

Freyr:
„Wie soll ich sagen Dir jungem Gesellen
Der Seele großen Gram?
Die Alfenbestrahlerin leuchtet alle Tage,
Doch nicht zu meiner Liebeslust.

Skirnir:
„Dein Gram mag so groß nicht sein,
Daß Du ihn mir nicht sagen solltest.
Teilten wir doch die Tage der Jugend:
So mögen wir zwei uns Zutraun schenken."

Freyr:
„In Gymirs Gärten sah ich gehen
Mir liebe Maid.
Ihre Arme leuchteten und Luft und Meer
Schimmerten von dem Scheine."

Aus diesem Text ergibt sich, daß Gymir in Jötunheim wohnt und dort ein Haus mit einem umhegten Bereich („Garten") besitzt. Gymir ist also ein Riese.

Er hat eine Tochter mit dem Namen Gerdr. Die Arme dieser Tochter leuchten, was zumindestens den Anfangsverdacht erlaubt, daß sie mit der Sonne zu tun haben könnte. Eine mit der Sonne assoziierte Frau im Jenseits (Riesenheim) ist mit einiger Wahrscheinlichkeit die Jenseitsgöttin, die am Morgen den Sonnengott-Göttervater Tyr wiedergebiert. Gerdr wäre dann mit den neun Töchtern des Ägir identisch, die den Tyr-Heimdall gebären, der wiederum mit Ägir-Gymir identisch ist.

Skirnir fuhr gen Jötunheim zu Gymirs Wohnung. Da waren wütige Hunde an die Türe des hölzernen Zaunes gebunden, der Gerds Saal umschloß. Er ritt dahin, wo der Viehhirt am Hügel saß und sprach zu ihm:

„Sage mir, Hirt, der am Hügel sitzt
Und die Wege bewacht,
Wie mag ich schauen die schöne Maid
Vor Gymirs Grauhunden?"

Gymirs Hof wird von Hunden bewacht – was allerdings nichts Besonderes ist.

Der Hirte:
„Bist Du dem Tode nah oder tot bereits,
Mann auf der Mähre Rücken?
Zu sprechen ungegönnt bleibt Dir immerdar
Mit Gymirs göttlicher Tochter."

Wenn Gymirs Tochter Gerdr „göttlich" ist, sollte auch ihr Vater Gymir ein Gott sein – eben Tyr als Riese in der Unterwelt.

Skirnir:
„Kühnheit steht besser als Klagen dem an,
Der da fertig ist zur Fahrt.
Bis auf einen Tag ist mein Alter bestimmt
Und meines Lebens Länge."

Gerd:
„Welch Getöse ertönen hör ich
Hier in unsern Hallen?
Die Erde bebt davon und alle Wohnungen

In Gymirsgard erzittern."

Der Wohnort des Gymir und der Gerdr heißt „Gymirsgard", also „befestigter Wohnort des Gymir".

… … …

Später in diesem Lied wird Gymir noch zweimal bei der Brautwerbung des Skirnir erwähnt, die man eher eine Erpressung nennen sollte:

Skirnir:
„Den Ring geb ich, der in der Glut lag
Mit Odins jungem Erben.
Acht entträufeln ihm ebenschwere
In jeder neunten Nacht."

Gerd:
„Den Ring verlang ich nicht, der in der Lohe lag
Mit Odins jungem Erben.
In Gymirsgard bedarf ich Goldes nicht:
Mir schont der Vater die Schätze."

Skirnir:
„Siehst Du, Mädchen, das Schwert, das scharfe, zaubernde,
Das ich halt in der Hand?
Das Haupt hau ich vom Hals Dir ab,
So Du Dich ihm weigern willst."

Gerd:
„Zu keiner Zeit werd ich Zwang erdulden
Um Mannesminne.
Wohl aber wähn ich, gewahrt Dich Gymir,
Daß ihr Kühnen zum Kampfe kommt."

Gymir wohnt zusammen mit seiner Tochter Gerdr in Riesenheim in Gymirsgard. Sein Hof wird von Hunden bewacht.

Seine Tochter Gerd ist wahrscheinlich mit den neun Töchtern des Ägir identisch: Sie ist ursprünglich die Jenseitsgöttin gewesen, die am Morgen den Sonnengott-Göttervater Tyr wiedergebiert – so wie die neun Töchter des Ägir den Tyr-Heimdall gebären.

I 2. i) Gylfis Vision

Hier wird dieselbe Geschichte mit einigen zusätzlichen Details berichtet:

Gymir hieß ein Mann, und seine Frau Örboda; sie stammte aus dem Geschlecht der Bergriesen. Die Tochter der beiden ist Gerdr, die schönste aller Frauen.
Eines Tages hatte sich Freyr auf Hlidskialf gesetzt und blickte über alle Welten hin. Als er nach Norden blickte, sah er in einem umhegten Bereich ein großes und schönes Haus. Zu diesem Hause ging ein Mädchen, und als sie die Hände erhob, um die Türe zu öffnen, da erstrahlte von ihren Händen Licht über Luft und Wasser, und alle Welten wurden von ihr erhellt.

Örboda oder Aurboda bedeutet „Lichtbotin". Diese Sonnenaufgangs-Göttin ist der Morgenstern (Venus), der das Kommen der Sonne ankündigt. Ursprünglich ist sie die Göttin gewesen, die am Morgen die Sonne gebiert.
Im Norden liegt Niflheim, wo bevorzugt die Riesen wohnen. „Nebelheim" ist eine wichtige Bezeichnung der Germanen für das Jenseits.
Viel poetischer als mit dem letzten Satz des zitierten Textes kann man das Öffnen des Himmelstores durch die Wiedergeburts-Göttin, durch das dann die Sonne wieder in die Welt hinaustritt, kaum darstellen ...

> Gymir ist ursprünglich der ehemalige Sonnengott-Göttervater Tyr gewesen, der am Morgen von der Jenseitsgöttin Gerdr wiedergeboren worden ist.

I 3. j) Hyndla-Lied

Dieselbe Aussage findet sich auch in diesem Lied:

Hyndla (Hel):
„Freyrs Frau war Gerth, die Tochter des Gymir,
aus der Brut der Riesen, und Aurboda trug sie aus,
diesen war auch Thiazi verwandt,
der die Finsternis liebende Riese; seine Tochter war Skadi."

> Gymir und Gerdr sind in den Mythen mit Thiazi und Skadi „verwandt" – sie sind letztlich identisch: der Göttervater Tyr und die zu seiner Tochter umgedeutete Jenseitsgöttin, die Tyrs Wiedergeburts-Mutter ist.

I 2. k) Gylfis Vision

Hier wird bestätigt, daß Gerdrs Gymirs Tochter ist – so wie auch die Erd- und Jenseitsgöttin Skadi als die Tochter des Tyr-Thiazi aufgefaßt worden ist.

Die folgende Szene spielt nach der Heirat des Freyr mit Gerdr. Vermutlich hat Freyr in dieser Mythe die Rolle des Tyr übernommen und dessen Frau (statt Freya) geheiratet.

Freyr folgte auf Niörd in dessen Königreich und wurde von allen Schweden Drott genannt und alle zahlten ihm Abgaben.

Er hatte wie sein Vater viel Glück mit Freunden und mit guten Ernten. Freyr erbaute einen großen Tempel in Uppsala und machte die Stadt zu seinem Hauptsitz und gab dem Tempel alle seine Abgaben, sein Land und seine Güter.

Damals wurden die Ländereien des Uppsala-Tempels begründet, die seither immer Bestand hatten.

Damals begann in seinen Tagen auch der Frodi-Frieden. Und damals gab es in allen Ländern gute Ernten, die die Schweden dem Freyr zuschrieben, sodaß sie ihn weit mehr als alle anderen Götter verehrten, weil die Menschen in seinen Tagen wegen dem Frieden und den guten Ernten sehr viel reicher wurden.

Seine Frau war Gerdr, die Tochter des Gymir, und ihr Sohn wurde Fjolne genannt. Freyr wurde auch mit noch einem anderen Namen gerufen: Yngvi.

> Gymirs Tochter ist die Frau des Freyr.

I 2. l) Zusammenfassung

> Der Name des mit Ägir identischen Riesen „Gymir" bedeutet „Meer" und ist die Personifizierung des Meeres. Er wurde anscheinend auch mit dem Winter und mit dem Widder assoziiert – also mit Tyr-Heimdall in der Gestalt eines Widders in der winterlichen Wasserunterwelt.
>
> Sein Name „Gymir" sollte vermutlich wie der Name des „Hymir" eine Assoziation zu dem Namen des Urriesen Ymir hervorrufen, der wie Tyr-Gymir von den Asen ermordet worden ist.
>
> Gymir wohnt zusammen mit seiner Tochter Gerdr in Riesenheim in Gymirsgard. Sein Hof wird von Hunden bewacht.
>
> Seine Tochter Gerdr ist mit den neun Töchtern des Ägir identisch: Sie ist ursprünglich die Jenseitsgöttin gewesen, die am Morgen den Sonnengott-Göttervater Tyr

wiedergebiert – so wie die neun Töchter des Ägir den Tyr-Heimdall gebären.

Gymirs Frau ist Aurboda (Venus als Morgenstern), die vermutlich weitgehend mit Ran identisch ist.

Gymir und Gerdr, Ägir und Ran bzw. seine neun Töchter sowie Thiazi und Skadi sind letztlich identisch: der Göttervater Tyr und die zu seiner Tochter umgedeutete Jenseitsgöttin, die Tyrs Wiedergeburts-Mutter ist.

Die Vorstellungen über den Meeres-Riesen Ägir-Gymir sind vor allem durch den Sonnengott-Göttervater geprägt worden, der am Abend im Meer versinkt, d.h. stirbt, und am Morgen wieder aus ihm aufsteigt, also wiedergeboren wird.

I 3. Gyma in der germanischen Überlieferung

Die Riesin „Gyma" wird nur ein einziges mal erwähnt.

I 3. a) Der Name „Gyma"

Der Name „Gyma" bedeutet „Erde". Sie ist die Feminin-Form zu „Gymir". „Gymir und Gyma" sind somit „Meer und Erde", was sehr archaisch aussieht.

Ein „Gymbill" ist ein junger Widder" und ein „Gymbr" ein einjähriges, weibliches Schaf. Es hat somit den Anschein, als ob Meer und Meer auch als Widder und Schaf angesehen worden seien. Diese Auffassung wird dadurch wahrscheinlicher, daß auch Tyr-Heimdall sowie vermutlich auch sein Gegner Loki die Gestalt eines Widders annehmen konnten.

Die Wurzel dieser Worte ist vermutlich das indogermanische Substantiv „ghimo" für „Winter, Schnee".

Insgesamt entsteht somit das Bild des ehemaligen Sonnengott-Göttervaters Tyr-Ägir-Gymir in der winterlichen („Schnee") Wasserunterwelt, in der er sich bei seiner Wiederzeugung zusammen mit der Erd- und Jenseitsgöttin Gyma in einen Widder verwandelt (siehe auch „Widder" in Band 42 und „Wiederzeugung" in Band 51).

I 3. b) Thulur

Snorri Sturluson führt in seinen Thulur den Namen „Gyma" für die Erde auf.

I 3. c) Zusammenfassung

> Die Riesin Gyma ist die Erde. Möglicherweise handelt es sich bei Gymir und Gyma um eine altes mythologisches Götterpaar, wobei Gymir wie Hymir mit dem Urriesen Ymir identisch sein wird.

I 4. Vid-Gymnir in der germanischen Überlieferung

Dieser Riese wird lediglich in einem Lied des Skalden Ulfr erwähnt, das von Snorri in seiner Skaldskaparmal zitiert wird.

I 4. a) Der Name „Vid-Gymnir"

Da der Name „Gymnir" nur an dieser einen Stelle erscheint, wäre es denkbar, daß es sich um einen Schreibfehler für „Gymir" handelt oder dieser Name hier mit der Endung „-nir" statt „-ir" gebildet worden ist. Gymir ist identisch mit Ägir und Hler – er ist der Tyr-Riese in der nächtlichen bzw. winterlichen Wasserunterwelt.

Der Name „Vid-Gymnir" läßt sich auf mehrere Weisen übersetzen, da „vid" sowohl „weit" als auch „wider, gegen" und „weiß" bedeuten kann und zudem noch die in zusammengesetzten Substantiven verwendete Form von „vidr" für „Baum, Mann" ist.

„Weit-Gymir" könnte daher schlicht „weites Meer" bedeuten.

Wenn „vid" als „weiß" aufgefaßt wird, wäre der „weiße Gymir" das von Gischt bedeckte Meer oder Tyr-Heimdall, der auch „der weiße Gott" genannt worden ist.

Bei der Deutung von „vid" als „Baum" im Sinne von „Mann" ergäbe sich als Bedeutung „der Mann Gymir", was jedoch im Grunde keinerlei zusätzliche Aussage durch das „vid" enthält. Diese Deutung ist daher sehr unwahrscheinlich.

Da Gymir der Tyr-Riese in der Unterwelt ist, müßte ein „Vid-Gymir", wenn man „vid" als „gegen, wider" auffaßt, ein „Gegner des Gymir", d.h. ein Gegner des Tyr-Riesen sein, wofür nur Thor infrage kommt.

I 4. b) Skaldskaparmal

Dies ist die geläufige Übersetzung der betreffenden Textstelle, an der Thors Kampf mit der Midgardschlange beschrieben wird:

Und noch einmal sang Ulfr:

Der Weit-Gymnir der Furt des Wimur
schlug den glitzernden Kopf der Schlange
heftig gegen die Wogen.
Mit alten Geschichten ist dieser Schild bemalt.

Hier wird er (Thor) *'Riese der Furt des Wimur' genannt. Es gibt einen Fluß, der Wimur genannt wird und den Thor durchwatete, als er zu der Festung des Geirröd zog.*

Der Fluß Wimur ist der Jenseitsfluß. Er wurde oft auch mit Meer gleichgesetzt. Sein Name leitet sich wahrscheinlich von dem germanischen „wem" für „sprudeln, wimmeln" ab und bedeutet demnach in etwa „Fließender, Reißender, Wasserreicher".

Aufgrund der oft recht kreativen Wortstellung und dem Fortlassen von vielen Hilfsverben, Pronomina u.ä. in den Skaldenliedern ist die Deutung der Sätze oft nicht ganz eindeutig.

Die betreffende Stelle lautet im Original wie folgt, wobei die fettgedruckten Worte jeweils die deutsche Übersetzung sind:

Víðgymnir **Gegner des Gymir** *laust* **schlagen** *Vimrar* **Wimur**
vaðs **Furt** *af* **von/fort/weg** *fránum* **glänzend** *naðri* **Natter**
hlusta **Ohr** *grunn* **Grund** *við* **gegen** *hrönnum* **Woge**.
Hlaut **Opferblut** *innan* **von innen her** *svá* **so/dann** *minnum* **erinnern**.

Hér **Hier** *er* **welcher** *hann* **er** *kallaðr* **genannt** *jötunn* **Riese** *Vimrar* **Wimurs** *vaðs* **Furt**. *Á* **Fluß** *heitir* **heißen** *Vimur* **Wimur**, *er* **welcher** *Þórr* **Thor** *óð* **durchwatet**, *þá* **als** *er* **welcher** *hann* **er** *sótti til* **nach** *Geirröðargarða* **Geierrödsgard**.

Dieser Text läßt sich wie folgt in normales Deutsch übertragen:

Der Gegner des Gymir schlägt an Wimurs
Furt das Ohr der glänzenden Natter
von seinem Grund in die Wogen hinein.
Er wird sich an das von innen her kommende Opferblut erinnern.

Hier wird er „Riese an Wimurs Furt" genannt. Der Fluß, den Thor durchwatet, als er nach Geierrödsgard zog, heißt Wimur.

Der „Grund des Ohres" ist der Kopf.

Das „Er" in der vierten Zeile der Strophe bezieht sich auf die Midgardschlange Jörmungandr („Natter"). Die Umschreibung „Opferblut" für das Blut des Jörmun-gandr ist zum einen als Ironie gemeint und zum anderen als Bestätigung dafür, daß es richtig ist, diese Riesenschlange zu töten. Zudem brauchte Ulfr das Wort „Hlaut" für seinen Stabreim: „**v**idgymir – **v**imrar – **v**ads" und „**h**lusta – **h**rönnum – **h**laut".

Vermutlich ist die übliche Übersetzung der erste Zeile unzutreffend – zumindestens gibt sie deutlich weniger Sinn als die hier vorgezogene Übersetzung „*Der Gegner des*

Gymir (Thor) schlägt an Wimurs Furt ... ".

I 4. c) Zusammenfassung

„Gymnir" ist vermutlich eine Alternativ-Schreibung für „Gymir". Die Thor-Kenning „Vidgymnir" ist daher als „Gegner des Tyr-Riesen Gymir" aufzufassen.

I 5. Hler in der germanischen Überlieferung

I 5. a) Der Name „Hler"

„Hler" ist wie „Ägir" eine Bezeichnung für das Meer. Es besteht daher wohl kein grundsätzlicher Unterschied zwischen den drei Tyr-Riesen Ägir, Gymir und Hler.

Der Name „Hler" ist sehr wahrscheinlich mit dem Namen des keltischen Meeresgottes Lir verwandt, dessen Sohn Mannan McLir in den keltischen Mythen eine größere Rolle spielt. Ein Meeresgott mit einem wichtigen Sohn ist wiederum mit einiger Wahrscheinlichkeit der alte Sonnengott-Göttervater, der morgens als sein eigener Sohn wiedergeboren wird. Dieser Gott spielt auch bei den Kelten eine große Rolle: Dagda („Tages/Sonnen-Göttervater") im Diesseits und Nuada („Wasser-Göttervater") im Jenseits.

Der keltische Name „Lir" bedeutet wie seine germanische Entsprechung „Hler" schlicht „Meer". Lir besaß wie Freyr ein magisches Schiff, das ohne Segel fahren konnte. Dieses Schiff hieß bei Freyr „Skidbladnir". Es ließ sich wie ein Fell klein zusammenfalten und in die Tasche stecken. Dieses Schiff ist eigentlich das Fell, auf das sich sowohl die germanischen Schamanen-Priester als auch die keltischen Druiden setzten, um innerlich ins Jenseits zu reisen.

So wie Hlers Insel Hlesey das Jenseits darstellt, so verkörpert auch Lirs „Land der ewigen Jugend" („Tir-nan-og"), das unter dem Meer lag, das Reich der Toten.

Lir besaß einen „Kelch der Wahrheit", der jedem die Erkenntnis der Wahrheit schenkte, der aus ihm trank. Dieser Kelch entspricht dem Met-Kessel des Ägir sowie der Symbolik des Götter-Mets, der auch die Dichter inspirierte.

Das Motiv der ewigen Jugend, das sich bei den Germanen bei dem Göttermet und bei den Äpfeln der Idun findet, erscheint bei Lir als das Fleisch seiner magischen Wildschweine, durch deren Verspeisen die keltischen Götter ihre ewige Jugend bewahren können. Diese Wildschweine entsprechen dem Eber des Freyr und dem Eber Sährimnir des Odin, von dem sich die Asen und die Toten in Walhall ernähren. Sowohl die Schweine des Lir als auch der Eber des Odin entstehen nach ihrem Verspeisen aufs Neue – wie auch Thors Ziegenböcke.

Das Motiv des allmorgendlich aus der Wasserunterwelt des Meeres (germanisch: Hler/Ägir/Gymir / keltisch Lir) auftauchenden Sonnengottes (germanisch Tyr/Beli/Heimdall / keltisch Belenus) reicht vermutlich bis in die Zeit vor der Trennung der Germanen und Kelten voneinander zurück, die um ca. 1800 v.Chr. stattfand.

Die von den Kelten meist benutzt Form „Lir" ist der Genitiv zu „Ler". Das altnordische „Hler" geht auf das germanische „Hlewa" für „Meer" zurück.

Die Herkunft dieses germanisch-keltischen Wortes ist unbekannt. Es wäre z.B. denkbar, daß es sich um ein Lehnwort aus der Sprache der Megalithkultur handelt, die vor den Kelten und Germanen in deren nordeuropäischem Siedlungsbereich die prägende Kultur gewesen ist.

> „Hler" bedeutet „Meer." Er ist ein weiterer Name für Tyr als Riese in der Wasserunterwelt. Dieser Name findet sich als „Lir" auch bei dem keltischen Meeresgott, der dem Tyr-Riesen entspricht.

I 5. b) Skaldskaparmal

Snorri Sturluson berichtet, daß Ägir auch „Hler" genannt worden ist:

Ein Mann heißt Ägir oder Hler; er bewohnte das Eiland, das nun Hlesey heißt, und war sehr zauberkundig.

Der Hinweis, daß Ägir/Hler von der Insel Hlesey, also von der Hler-Insel stammt, zeigt, daß es auch das Bild gegeben hat, daß Ägir auf einer Insel gelebt hat. Dies wird die Jenseitsinsel sein, zu der auch der tote Baldur in seinem brennenden Schiff gesandt wurde.

Diese Jenseitsinsel hieß bei den Kelten Avalon, d.h. „Apfel-Insel". Diese Äpfel sind mit den Äpfeln der Idun identisch, da die Äpfel der Göttin in den Mythen beider Völker die ewige Jugend bzw. die Wiedergeburt geben. Die bekannteste aller Jenseitsinseln ist sicherlich Atlantis.

> Hler ist mit Ägir und Gymir identisch. Er lebt auf der nach ihm als „Hler-Insel" benannten Jenseitsinsel (Læsø im Nordosten von Jütland).

I 5. c) Harbard-Lied

Im Harbard-Lied erzählt Thor dem Harbard (Odin) davon, daß er auf Hlesey mit Riesinnen gekämpft hat. Mit solchen Riesinnen hat Thor des öfteren gekämpft – sie sind vermutlich alle „mythologische Schwestern" der gefürchteten Hel – Thor kämpft gegen die Mächte der Unterwelt.

Da in den germanischen Mythen die Riesen im Jenseits leben und die Riesinnen oft die Funktion der Jenseitsgöttin bei der Wiederzeugung, die der Wiedergeburt vorausgeht, innehaben, zeigt dies noch einmal, daß Hlesey das Jenseits der „Hel-Riesinnen" symbolisierte und Ägir folglich ein Gott der Wasserunterwelt war.

Harbard (Odin):
„Was tatest Du weiter, Thor?"

Thor:
„Berserkerbräute bändigte ich auf Hlesey:
Das Ärgste hatten sie getrieben, betrogen alles Volk."

Harbard:
„Unrühmlich tatest Du, Thor, daß Du Weiber tötetest."

Thor:
„Wölfinnen waren es, Weiber kaum.
Sie zerschellten mein Schiff, das ich auf Pfähle gestellt,
Trotzten mir mit Eisenkeulen und vertrieben Thialfi."

> Auf der Jenseitsinsel Hlesey leben Riesinnen.

I 5. d) **Fundinn Noregr**

In dieser kurzen Chronik wird der Gott des Meeres „Hler" („Meer") genannt.

Es lebte einst ein Mann, der Fornjot genannt wurde. Er hatte drei Söhne: einer war Hler, ein anderer Logi, der dritte Kari – er herrschte über den Wind, Logi aber über das Feuer; Hler über die Meere.

> Hler („Meer"), Logi („Feuer") und Kari („Wind") sind die drei Söhne des Riesen Fornjotr.
> Diese Familien-Konstellation ist gut als der alte Tyr mit seinen drei Söhnen, die die drei Stände repräsentieren, bekannt.
> Einer dieser Söhne ist der junge, wiedergeborene Tyr – hier ist es Hler.

I 5. e) Die Saga der Orkney-Leute

In dieser Saga werden ebenfalls die drei Söhne des Fornjot genannt und zudem bestätigt, daß Hler und Ägir identisch miteinander sind:

Fornjot hatte drei Söhne: eine wurde Hler genannt, den wir Ägir nennen, der zweite Logi, der dritte Kari – er herrschte über den Wind, aber Logi über das Feuer und Hler über die See.

> Hler ist mit Ägir identisch. Er ist der Sohn des Tyr-Riesen Fornjotr.

I 5. f) Chronicon Lethrense

Der Riese Hler wird in dieser Chronik „Lä" oder „Lee" genannt. Entsprechend heißt die Insel Hlesey hier „Läsø" oder „Lee-Insel".
Die nicht-kursiven Teile des folgenden Textes sind Einschübe, die nicht im Original stehen, aber sich aus dem Zusammenhang ergeben und das Verständnis der Geschichte erleichtern.

Da sandte König Hakon von Schweden den Dänen einen kleinen Hund als König – mit der Warnung, daß der, der als erster sagen würde, daß der Hund tot ist, sein Leben verlieren würde.

Die „Hundinge" („Hunds-Leute") waren ein nordgermanischer Stamm.

Eines Tages saß das Hündchen an der Tafel und die großen Hunde balgten sich auf dem Fußboden. Als das Hündchen von der Tafel heraabsprang, bissen die großen Hunde es zu Tode. Und niemand wagte es, König Hakon davon zu erzählen.
Da befahl der Riese Lee von der Lee-Insel seinem Hirten Snio („Schnee"), sich das Königreich von Hakon zu holen. Als Snio zu König Hakon kam, frug ihn dieser nach den Neuigkeiten.
Snio antwortete: „Die Bienen in Dänemark sind alle betäubt."

Dies ist sowohl ein Hinweis auf den Tod („betäubt") als auch auf den Bestattungsmet („Bienen").

Da sprach König Hakon: „Wo hast Du letzte Nacht geschlafen?"

Snio antwortete dem König: „Dort, wo die Schafe die Wölfe fressen."
„Wie das?"
„Weil der Wolf gekocht und den Schafen als Heilmittel zu trinken gegeben wurde."

Auch die „Wülflinge" („Wolfs-Leute") waren ein nordgermanischer Stamm. Der Wolf stand für den Sommergott Tyr und der Hund für den Wintergott Loki, die einen endlosen, zyklischen Kampf miteinander führten, der die Jahreszeiten entstehen ließ.

Im Zusammenhang mit dem Tod ist ein gekochtes Tier vermutlich das für den Toten geopferte Herdentier.

„Wo hast Du die Nacht davor geschlafen?"
„Dort, wo der Wolf den Karren fraß und die Pferde davongelaufen sind."
„Wie kann das sein?"
„Weil drei Biber Holz sammelten und einer von ihnen, der der Biber-Sklave genannt wurde, mit ausgestreckten Beinen auf dem Boden zusammenbrach. Die anderen Biber legten das Holz zwischen seine Beine und gingen vor ihm her und zogen ihn wie Ochsen einen Karren. Die Wölfe kamen und fraßen den Biber-Leibeigenen, der das Holz zwischen seinen Beinen hatte; und die Biber, die ihn zogen, rannten fort."

Hier wird möglicherweise die Errichtung des Scheiterhaufens für die Bestattung beschrieben.

Wurde der „Biber-Sklave" bei der Bestattung geopfert?

„Wo hast Du in der dritten Nacht geschlafen?" frug der König.
Snio antwortete: „Dort, wo die Mäuse die Axt-Klinge, aber nicht den Stil fraßen."
„Wie das?"
„Weil Kinder eine Axt-Klinge aus weißem Käse gemacht hatten. Die Mäuse fraßen die, aber nicht den Stock, aus dem sie den Axt-Stil gemacht worden war."

Ein dreifaches Ereignis bezieht sich wahrscheinlich auf den Sonnengott-Göttervater Tyr, da die „3" als Adjektv für „zum Sonnenzyklus gehörend" benutzt worden ist.

Dieses Motiv erinnert daran, daß die Männer, die bei einer Einweihung eine Jenseitsreise unternahmen, symbolisch mit einem Schilfrohr erstochen wurden, das Odins Speer verkörperte. Möglichweise ist auch die „Käse-Axt" eine solche „symbolische Waffe".

Da frug der König nach den Neuigkeiten.
Snio antwortete: „Die Bienen in Dänemark sind alle betäubt."
„Der Hund ist tot!"
„Das hast Du gesagt, nicht ich," sprach Snio und so wurde er König von Däne-

mark – ein hinterhältiger und sehr strenger Richter, und bösartig dazu, der sich viele Dinge auf unlautere Weise erwarb und alle sehr unterdrückte.

Ein Mann, den der König unterdrückte, wurde Roth („der Rote") genannt. Roth wehrte sich gegen ihn.

Aus purer Bosheit sandte der König ihn zu Lee dem Riesen, damit er diesen frug, welchen Tod Snio sterben werde. Snio (wußte, daß Lee den Roth zu einem Rätselkampf herausfordern würde und) *hoffte, daß Lee den Roth* (der den Wettstreit, wie Snio glaubte, verlieren würde) *töten würde.*

So brachte Roth Lee dem Riesen die Grüße des Königs (und frug ihn nach der Art des Todes, den Snio sterben würde). *Lee weigerte sich jedoch, Roth die Antwort zu geben, bevor Roth ihm nicht drei wahre Dinge sagen würde.*

Roth sagte ihm, daß er niemals dickere Wände als an Lees Haus gesehen habe; zweitens, daß er noch nie einen Mann mit so vielen Köpfen gesehen habe; und drittens, daß er, wenn er jemals von hier fortkommen sollte, niemals den Wunsch haben würde, hierher zurückzukehren. Und so rettete er sein Leben.

Da sandte der Riese Lee dem König zwei Handschuhe. Und als König Snio eine Versammlung in Jütland leitete, zog er diese Handschuhe an – und wurde von Läusen zu Tode gefressen.

Diese in Schweden weit verbreitete Geschichte über den Hunde-König klingt zwar etwas seltsam, aber sie ist doch als Rätsel-Allegorie zu einer Bestattung erkennbar – auch wenn viele der Elemente dieser Allegorie unklar bleiben.

Die Geschichte enthält einige interessante Hinweise auf den Charakter des Hler:

1. *Der Riese Lee befiehlt seinem Hirten Snio, König von Dänemark zu werden.* Der Meeres-Riese Hler scheint die Macht zu haben, einen neuen König einzusetzen. Diese Macht gehört zu dem Sonnengott-Göttervater, d.h. ursprünglich zu Tyr. Hler ist folglich der Sonnengott-Göttervater Tyr in der Unterwelt ist.

2. *Snio sendet Roth zu Lee, damit dieser Snios Todesart erfragt und bei dem dafür erforderlichen Rätselkampf stirbt.* Es sieht so aus, als ob Hler auch die Art des Todes eines Königs und somit wohl auch den Zeitpunkt seines Todes bestimmen würde. Diese Macht und Autorität hat nur der Göttervater selber.

3. *Roth muß in dem Rätselkampf drei wahre Dinge sagen.* Dieses Motiv ist vor allem von den Kelten gut bekannt, die mit den Germanen nah verwandt sind. In den keltischen Mythen ist das „Sagen dreier wahrer Dinge" ein Teil der Jenseitsreise und des Kochens des Opfermahles in einem Ritual – ohne das Aussprechen dreier wahrer Dinge wird das Fleisch nicht gar.

Eine sehr ähnliche Szene findet sich auch in dem germanischen Gedicht „Haustlöng" beschrieben: Odin, Hönir und Loki braten in einem Erdofen neben einem Altar unter dem Weltenbaum einen Stier als Opfermahl. Der Adler Thiazi, der auf der Eiche sitzt, verhindert jedoch, daß das Fleisch gar wird. Thiazi ist eine der vielen Namensvarianten des Göttervaters Tyr, dessen Seelenvogel wie bei den Göttervätern aller Indogermanen der Adler ist. Es handelt bei dieser Szene also um ein Opfermahl für den Göttervater Tyr.

Der Göttervater ist derjenige, der auch der Beschützer des Königs ist. Zu ihm nimmt der neue König in der Jenseitsreise bei seiner Krönung Kontakt auf, um den Segen des Göttervaters zu erhalten. Das „Sprechen der drei wahren Dinge" wird daher auch aus dem Krönungsritual stammen, das als Variante des Einweihungsrituales der Schamanen-Priester entstanden ist.

Auch diese Szene bestätigt, daß Hler der ehemalige Sonnengott-Göttervater Tyr in der Wasserunterwelt bzw. auf der Jenseitsinsel ist.

4. *Lees Haus hat die dicksten Wände.* Dieses Motiv könnte die unterschiedlichsten Bedeutungen haben. Die Zugehörigkeit des Hler zu der Wasserunterwelt bzw. zu der Insel im Wasser-Jenseits läßt jedoch vermuten, daß die dicken Mauern der Halle des Hler die Mauer zwischen Diesseits und Jenseits bzw. die dicke „Mauer" des Hügelgrabes des Tyr ist.

5. *Lee hat viele Köpfe.* Riesen mit mehreren Köpfen sind selbst unter den Ungeheuern der Germanen sehr selten. Der bekannteste von ihnen ist Thrivaldi, der der der Skaldskaparmal zufolge von Thor erschlagen worden ist: „*Gut hast Du, Zerschlager der neun Köpfe des Thrivaldi, Deine Ziegen gehütet.*" Die neun Köpfe des Tyr-Thrivaldi sind nicht wörtlich zu nehmen, sondern bedeuten, daß er sich in der Unterwelt befindet, da die „9" bei den Nordgermanen eine Art Adjektiv mit der Bedeutung „zum Jenseits gehörend" gewesen ist.

Der Name des Thrivaldi bedeutet „der Dreifach-Herrschende" und erinnert an die drei Odin-Götter Har („Hoch"), Jafn-Har („Ebenso-hoch") und Thridi („Dritter") in „Gylfis Vision".

dreifache Göttin; Goldhörner von Gallehus

Auf dem kleineren der beiden Goldhörner von Gallehus ist eine dreiköpfige Göttin im Jenseits mit einer Ziege zu sehen – die Ziege war wie die Ziegenböcke des Thor, die in den eben zitierten Versen erwähnt werden, das „Opfertier der kleinen Leute" und hat dieselbe Bedeutung wie der Eber Sährimnir des Odin.

Der Name „Dreifach-Herrschender" steht letztlich nur dem Göttervater selber zu – die drei Bereiche, über die er herrscht, werden wohl das Asgard der Götter, das

Midgard der Menschen im Diesseits und die Unterwelt Hel der Toten sein.

Bei den Indogermanen ist es allgemein der Sonnengott-Göttervater, der mehrere Köpfe oder Gesichter hat. In der Regel sind dies vier an der Zahl – sie entsprechenden den vier Himmelrichtungen und symbolisieren, daß der Göttervater alles sieht und über alles herrscht. Solche viergesichtigen Sonnengott-Göttervater sind z.B. der indische Prajapati, der indische Brahma, der slawische Svantevit, der griechische Apollo von Klaros und der römische Janus quadrifrons.

6. Lee sendet Snio zwei Handschuhe, in denen Läuse sind, die Snio auffressen. Hler ist offensichtlich auch der Gott, der die Herrschaftszeit der Könige wieder beendet. Auch dieses Motiv ist von Odin gut bekannt. Das Motiv der Läuse-Handschuhe ist jedoch recht unklar – die Handschuhe gehörten zum damaligen Priesterornat.

Der vielköpfige Riese Tyr-Hler ist recht sicher mit dem neunköpfigen Tyr-Riesen Thrivaldi identisch, dessen neun Köpfe ihn als Wesen im Jenseits kennzeichnen.

Hler setzt den alten König ab und er setzt den neuen König ein.

Hlers Insel ist das Jenseits – Hlers Haus hat die dicksten Mauern, d.h. es liegt hinter der Mauer, die Diesseits und Jenseits trennt (siehe „Mauer" in Band 49) oder es ist ein Hügelgrab (Tyr-Hler in der Unterwelt).

Um in das Jenseits zu Hler zu gelangen, muß man „drei wahre Dinge sagen".

I 5. g) Die Saga der Orkney-Leute

Die Jenseitsinsel „Hler-Insel" (Läsø) findet sich auch in dieser Saga:

Dort fand Gorr seine Verwandten, die, die von Hler dem Alten von Hlers Insel abstammten.

Hler der Alte lebt auf Hler-Insel.

I 5. h) Kennignar

Vereinzelt finden sich auch Kenningar, die mit „Hler" gebildet worden sind:

| **Wogen** | *Hlers Frauen* | Ägirs neun Töchter = Wogen | anonym | Hervor-Saga |
| **Gold** | *Feuer des Hler* | Feuer des Ägir | anonym | Gydingsvisur |

Hler ist mit Ägir identisch.

I 5. i) Ynglingatal

Hier wird das Feuer als „Bruder des Meeres", d.h. als „Bruder des Hler" umschrieben.

Und der Bruder des Meeres
verschlang das Schiff
des Geistes des Visbur,
als die Wächter
der Halle
den gemeinen Räuber
des Waldes
gegen ihren Vater schickten;

und der brüllende Hund
der Glut
biß den Lehnsherrn
in der Herd-Rinde.

    Bruder des Meeres (Hler) = Feuer (Logi); der Bruder des Meeres verschlingt etwas = verbrennen
    Schiff des Geistes = Brust, Leib
    Wächter der Halle = Söhne
    Räuber des Waldes = Feuer (es verbrennt das Holz)
    Hund der Glut = Feuer
    Lehnsherr = Fürst
    Barke des Herdes = die Hülle rings um den Herd = Halle
    (Visbur wurde von seinen eigenen Söhnen in seiner Halle verbrannt.)

    Version ohne Kenningar: *„Die Flammen verbrannten die Brust des Visbur, als seine*

Söhne ihn mit Feuer töteten. Das Feuer tötete den Fürsten in seiner Halle."

Der Meeresgott Hler ist der Bruder des Feuergottes Loki.

I 5. j) Zusammenfassung

Auch der Riese Hler ist das Meer. Seine Insel Hlesey ist das Jenseits. Auf ihr wohnt er in dem Haus mit den dicksten Mauern – eine Analogie zu der Halle der Hel. Auf Hlesey wohnen auch Hel-ähnliche Riesinnen, die von Thor bekämpft werden.

Hlers Vater ist Fornjotr („uralter Riese"). Dieser Name ist eine Umschreibung für den alten, abendlichen oder herbstlichen Sonnengott-Göttervater Tyr.

Die drei Söhne des Tyr-Fornjotr sind einst die Repräsentanten der drei Stände gewesen. Einer von diesen drei Söhnen ist stets der wiedergeborene, junge Tyr – hier ist es Hler, der jedoch sonst als der alte Tyr erscheint.

Hler setzt wie der Göttervater die Könige ein und beendet auch wieder ihre Herrschaft. Er hat mehrere Köpfe – da er recht sicher mit dem neunköpfigen Riesen Thrivaldi (Tyr) identisch ist, werden es neun Köpfe sein. Dies charakterisiert ihn zum einen als Jenseits-"Gott" und zum anderen als Göttervater, weil „Thrivaldi" die Bedeutung „Dreifacher Herrscher" hat.

Er scheint auch mit dem Jenseitsreise-Ritual verbunden gewesen zu sein, wie das Motiv des „dreimal eine Wahrheit sagen" zeigt, das zu diesem Ritual gehört.

„Hler" bedeutet „Meer." Er ist ein weiterer Name für Tyr als Riese in der Wasserunterwelt. Dieser Name findet sich als „Lir" auch bei dem keltischen Meeresgott, der dem Tyr-Riesen entspricht.

Hler ist mit Ägir und Gymir identisch. Er lebt auf der nach ihm als „Hler-Insel" benannten Jenseitsinsel.

I 6. Nepr in der germanischen Überlieferung

Der Ase Nepr ist fast nur aus Namenslisten bekannt. Er ist daher möglicherweise ursprünglich der Beiname eines anderen Asen gewesen, der sich dann zu einem eigenen Gott verselbständigt hat.

I 6. a) Der Name „Nepr"

Der Name „Nepr" leitet sich von dem altnordischen Verb „neppr" für „ermattet, erschöpft, gebeugt, ohnmächtig werden" ab und bedeutet wahrscheinlich „Sterbender" oder „Toter". „Nepr" ist daher sehr wahrscheinlich ein Name des am Abend sterbenden, alten („gebeugten") Sonnengott-Göttervaters Tyr.
Nepr wäre dann mit Ägir, Gymir und Hler identisch.

> Der Name „Nepr" bedeutet „Toter". Er ist wahrscheinlich mit Ägir, Gymir und Hler identisch.

I 6. b) Thulur

Dieser Gott ist aus den Namenslisten am Ende der Skaldskaparmal („Thulur") bekannt, in denen auch die Söhne des Odin aufgezählt werden. Diese Liste beginnt damit, daß Burir als Vater des Odin genannt wird:

Burir erzeugte Odin;
Baldur und Meili,
Widar und **Nepr***,*
Vali, Ali,
Thor und Hildolfr
Hermodr, Sigi,
Skjöldr, Yngvi-Freyr
und Itreksjod,
Heimdallr, Saemingr,
Hödr und Bragi.

Aus dieser Liste ergibt sich mit einiger Wahrscheinlichkeit, daß „Nepr" keiner der anderen Odins-Söhne sein wird – denn sonst wäre derselbe Gott unter zwei verschiedenen Namen aufgeführt worden.

Die Namen in dieser Liste sind thematisch angeordnet worden:

Odins-Söhne in den Nafna-Thulur		
Söhne	*Bemerkung*	*Art der Söhne*
Baldur und Meili,	Baldur = Meili => Asen	Asen
Widar und Nepr,	Widar: ehemaliger Sonnengott	
	Nepr = ?	
Vali, Ali,	Vali = Ali: wiedergeborener Sonnengott-Göttervater Tyr	
Thor und Hildolfr	Thor ist der wichtigste Odin-Sohn	
	Hlidolf ist der ehemalige Göttervater Tyr	
Hermodr	Hermodr: Sohn und Priester-Schamane des Odin	„Priester-Halbgötter"
Sigi	Sigi: Odin-Schützling und Held mit dem Charakter des Thor und des Tyr; Stammvater der Völsungen, zu denen u.a. Sigurd Drachentöter gehört	Ahnherren von Königshäusern
Skjöldr, Yngvi-Freyr	Skjöldr: erster Dänenkönig	
	Yngvi-Freyr: Stammvater der Ingväonen; erster König der Schweden	
Itreksjod	„Itreksjod" („edles Kleinkind") wird nur an dieser Stelle genannt	
Heimdallr, Saemingr	Heimdall: Aspekt des ehemaligen Göttervaters Tyr; Ahnherr der drei Stände und somit auch aller Könige	
	Saemingr: Ahnherr der norwegischen Könige	
Hödr und Bragi	Hödur: Gott des Winters	vergöttliche Menschen (?)
	Bragi: Gott der Dichtung, evtl. der vergöttlichte Skalde Bragi der Alte	

Der Odins-Sohn „Nepr" wird somit zu den Asen gehören und vermutlich wie Widar oder Tyr der ehemalige Sonnengott sein. Da Tyr in dieser Liste nicht genannt wird und Nepr den Tyr-Riesen Ägir, Gymir und Hler entspricht, wird Nepr ein Beiname des Tyr als „toter" Riese in der Wasserunterwelt gewesen sein.

> Nepr ist ein Beiname des Tyr, der jedoch nur sehr selten mit diesem Namen bezeichnet wird.

I 6. c) Thulur

„Nepr" ist in einer anderen Thulur-Liste der Name eines Flusses. Möglicherweise ist der Fluß als „Träge Dahinfließender" benannt worden – auf jeden Fall assoziiert dieser Flußname den Asen Nepr mit dem Wasser.

Vielleicht ist „Nepr" hier auch eine Umschreibung für „Jenseitsfluß" oder „Wasserunterwelt" – ähnlich wie „Ägir", „Gymir" und „Hler" Namen für das Meer und somit auch für die Wasserunterwelt sind.

> „Nepr" ist auch ein Flußname. Evtl. ist der Jenseitsfluß gemeint, der ansonsten „Gjallar" oder „Wimur" genannt wird.

I 6. d) Gylfis Vision

Nepr wurde als der Vater der Nanna aufgefaßt:

Forseti heißt der Sohn Baldurs und der Nanna, der Tochter Neps.

Es ist durchaus interessant, daß Nepr eine Tochter hat, da Götter-Töchter in der Mythologie so gut wie immer umgedeutete Göttinnen sind, die zuvor die Wiederzeugungs-Geliebte und die Wiedergeburts-Mutter des betreffenden Gottes gewesen sind, dem dann beim Aufkommen des Patriarchates die Göttin als Tochter untergeordnet wurde.

Daraus, daß ein Gott der Vater einer Göttin ist, kann man somit mit recht großer Wahrscheinlichkeit schließen, daß dieser Gott einmal recht wichtig gewesen ist und daß in seine Mythen die Wiedergeburt eine wichtige Rolle gespielt hat.

Dies läßt wiederum vermuten, daß Nepr einst ein Beiname des ehemaligen Göttervaters Tyr als abendlicher bzw. herbstlicher „alter" bzw. „sterbender" Gott gewesen ist.

> Nepr ist der Vater des Göttin Nanna. Diese beiden Gottheiten werden Tyr-Thiazi und seiner Tochter Skadi, Gymir und seiner Tochter Gerdr sowie Ägir und seinen neun Töchtern entsprechen.
> Ursprünglich ist dieses Paar jedoch der ehemalige Sonnengott-Göttervater Tyr und seine Wiedergeburts-Mutter gewesen.

I 6. e) Gylfis Vision

Die Verwandtschaft von Nepr und Nanna wird an einer zweiten Stelle bestätigt:

Da wurde Baldurs Leiche hinaus auf das Schiff getragen. Und als sein Weib Nanna, Neps Tochter, das sah, da zersprang sie vor Jammer und starb.

> Nanna ist die Tochter des Nepr.

I 6. f) Zusammenfassung

> Der Name des Gottes „Nepr" bedeutet „Gebeugter, Erschöpfter, Ohnmächtig-Werdender, Sterbender".
> Nepr ist mit Ägir, Gymir und Hler identisch.
> Er ist der am Abend sterbende Sonnengott-Göttervater Tyr, der hier wie Tyr selber zu einem Sohn des neuen Göttervaters Odin geworden ist, um Tyr-Nepr eindeutig dem Odin unterzuordnen.
> Nepr ist der Vater der Göttin Nanna. Diese beiden Gottheiten werden Tyr-Thiazi und seiner Tochter Skadi, Gymir und seiner Tochter Gerdr sowie Ägir und seinen neun Töchtern entsprechen. Ursprünglich ist dieses Paar jedoch der ehemalige Sonnengott-Göttervater Tyr und seine Wiedergeburts-Mutter gewesen.
> „Nepr" ist auch ein Flußname. Vermutlich bezeichnet er den Jenseitsfluß (Gjallar, Wimur).

I 7. Nökkvi in der germanischen Überlieferung

Nökkvi ist eine Name, der in den Schriften der Germanen nur selten vorkommt.

I 7. a) Der Name „Nökkvi"

Der Name „Nökkvi" bedeutet „Einbaum, Schiff". Dieses Wort ist u.a. mit lateinisch „nauta" für „Seemann" verwandt und geht zusammen mit z.B. altägyptisch „Nu" für „Wasser" auf ein jungsteinzeitliches Wort für „Wasser" zurück.

Der Name „Nökkvi" ist auch mit den beiden deutschen Worten „Nixe" für „Seejungfrau" und „Nökk" für „(männlicher) Wassergeist" sowie mit dem angelsächsischen „Nicor" für „Wassergeist" verwandt.

„Nökkvi" bedeutet „Einbaum, Schiff" und vermutlich auch „Wasser".

I 7. b) Hyndla-Lied

Der Name „Nökkvi" wird nur im Hyndla-Lied genannt, wo er der Name des Vaters der Göttin Nanna ist:

Hyndla:
„Die nächste war Nanna, die Tochter des Nökkvi
ihr Sohn wurde Deines Vaters Verwandter;
alt ist die Linie und noch länger
und alle sind Deine Verwandten, Ottar, Du Narr!"

Nökkvi ist offensichtlich mit Nepr identisch, da beide als „Vater der Nanna" bezeichnet werden.

I 7. c) Mit „Nökkvi" zusammengesetzte Substantive

Es gibt einige Bezeichnungen, die mit dem Namen „Nökk, Nixe" gebildet worden sind:

Seerose: „Nixblume", „Nixblatt", „Nixrose" (schwedisch)
Seerose: „Nixbart" (dänisch)
Haliotis-Muschel: „Nökk-Ohr" (schwedisch)

> Die mit „Nökk" o.ä. zusammengesetzten Substantive beziehen sich auf Dinge oder Wesen im Wasser.

I 7. d) Zusammenfassung

> Der Name „Nökkvi" bedeutet „Einbaum, Schiff" und vermutlich auch „Wasser".
> Nökkvi ist mit Nepr identisch, da beide als „Vater der Nanna" bezeichnet werden.
> Nökkvi-Nepr ist eine Variante des Ägir-Gymir-Hler, d.h. des ehemaligen Sonnengott-Göttervaters Tyr in der Wasserunterwelt.

I 8. Nicor in der germanischen Überlieferung

Dieser Name ist recht sicher mit dem des Wassergeistes „Nökk", „Nix", „Nyx", „Nihhus", „Nikkus" und „Neckan" aus den Sagen verwandt – und evtl. auch mit dem Flußnamen „Neckar". Die weiblichen Wassergeister heißen „Nixe" „Naiad" oder „Nichessa".

I 8. a) Der Name „Nicor"

Alle diese Namen gehen auf das indogermanische Verb „neig" mit der Bedeutung „waschen" und evtl. „naß machen, naß sein" zurück, die wiederum von dem jungsteinzeitlichen Wort für „Wasser" abstammen, das vermutlich „nu" gelautet hat.

Der Name „Nicor" bedeutet „Waschen, Wasser".

I 8. b) Beowulf-Epos

Als „Nicor" treten diese Wassergeister im Beowulf-Epos dreimal auf:

*/ Denn Wyrd rettet oft
den nicht-todgeweihten Jarl, / wenn er tapfer ist!
Und so geschah es, / daß ich mit meinem Schwert
neun der Nicors tötete.*

- - -

die Gebiete der Nicor (das Meer)

- - -

Nicors lagen / auf den Felsvorsprüngen der Landzunge.

Ein „Nicor" ist ein Wassergeist.

I 8. c) Odins Beiname „Hnikarr"

Der Beiname „Hnikarr" oder „Nikarr" des Odin ist mit diesen „Nicor" identisch. Wenn der Göttervater als „Hnikarr" erscheint, ist er ein wellenbesänftigender Wassergeist. Es ist gut denkbar, daß Odin diesen Aspekt von seinem Vorgänger Tyr in dessen Form als „Riese in der Wasserunterwelt" (Ägir u.a.) übernommen hat.

> „Nicor" ist wahrscheinlich einst ein Beiname des Tyr als Riese in der Wasserunterwelt gewesen.

I 8. d) Zusammenfassung

> Ein „Nicor" ist ein Wassergeist. Sein Name bedeutet „Nasser, Wasserwesen" und ist in vielen Varianten wie z.B. „Nix" oder „Nökk" bekannt.
> Nicor ist mit Nepr, Nökkvi, Ägir, Gymir und Hler identisch.
> Odin wurde als hilfreicher Wassergeist „Hnikarr" genannt, was mit „Nicor" identisch ist. Odin hat diesen Beinamen (wie viele andere seiner Beiname auch) von dem von ihm abgesetzten Göttervater Tyr übernommen.

I 9. Nirdir in der germanischen Überlieferung

In den Kenningarn tritt zehnmal ein männliches Wesen mit dem Namen „Nirdir" auf, dessen Charakter zwischen Riese und Ase zu schwanken scheint.

I 9. a) Der Name „Nirdir"

Da es kein Wort gibt, das „nird" o.ä. lautet, kann man den Namen „Nirdir" am ehesten als eine Form von „Niördr" auffassen. In „Nirdir" ist der Doppelvokal „iö" zu einem „i" geworden.

„Nirdir" ist vermutlich eine Variante von „Niördr"

I 9. b) Kenningar

Da es ähnliche Kenningar wie die mit „Nirdir" gebildeten auch als Kombinationen mit „Njörd" gibt, steht der Auffassung von „Niridr" als einer Variante von „Njörd" nichts mehr entgegen.

Ase	*Nirdir*		Rögnvald-Jarl und Hallr Thorarin-Sohn	Hattalykill
			Eirikr der Bedrohliche	Lausavisur
			Sturla Thordar-Sohn	Hrafnsmal
			Guthorm der Dunkle	Hakonardrapa
			anonym	Placitusdrapa
Männer	*Wunsch-Nirdir*		anonym	Placitusdrapa
Krieger	*Helm-Nirdir*		Einarr Skulason	Geisli
Krieger	*Schlachten-Nirdir*		Sigvatr Thordarson	Vikingavisur
Krieger	*Sturm-Nirdir*	Sturm = Kampf	Grettir	Grettir-Saga
Krieger	*Nirdir des Lärms der Tore des Hagbard*	Hagbard = Sagenheld; sein Tor = Schild; Schild-Lärm = Kampf	Einarr Schreihals Helgason	Vellekla

„Nirdir" könnte in allen diesen Kenningarn ein Ase sein, aber vollkommen sicher ist dies nicht. Die fünf Umschreibungen von „Ase" durch „Nirdir" machen die Auffassung des Nirdir als eines Asen jedoch ausreichend wahrscheinlich.

Nirdir ist sehr wahrscheinlich ein Ase – vermutlich Njörd.

I 9 c) Zusammenfassung

„Nirdir" ist eine Variante von „Niörd".

I 10. Der Gott Njörd in der germanischen Überlieferung

Njörd ist einer der bekannteren nordgermanischen Götter, der auch in einigen Stammbäumen und Mythen erscheint.

I 10. a) Der Name „Njörd"

Die Bedeutung des Namens „Njörd", der auch „Niörd" geschrieben worden ist, ist ebenso wie der ihm verwandte Name der Göttin „Niörun" recht unsicher, da er sich von verschiedenen Wortwurzeln herleiten könnte.

Es kommen folgende altnordischen Worte als Ursprung für den Gottesnamen „Niörd" infrage:

Bedeutung von „Njörd"		
mögliche Wortwurzel	*Bedeutung der Wortwurzel*	*sich daraus ergebende Bedeutung von „Njörd"*
altnordisch: *„nar"*	Tod, Leiche	Totengott
altnordisch: *„njard"*	verzaubert o.ä.	Zauberer, Seher
altnordisch: *„ner"*	drehen, winden, spinnen	Spinner(-)in
altnordisch: *„ner"*	murmeln	Murmelnder
altnordisch und indogermanisch: *„ner"*	unten	Unterweltsgöttin
verwandt mit irisch *„nert"* für „Macht" und evtl. auch mit der germanischen Göttin *„Nerthus"* aus der Römerzeit	Macht	Mächtiger
verwandt mit der römischen Göttin *Nerio*	„stark"	Starker

Die fünf möglichen altnordischen Wortwurzeln haben als gemeinsamen Bild eher eine Norne als einen Gott: eine *mächtige Spinnerin* in der Welt der *Toten unter* der Erde, die das Schicksal *murmelnd* verkündet und eine *Seherin* der Zukunft ist.

Die Verwandtschaft des Namens von „Njörd" mit dem der germanischen Göttin

„Nerthus" aus der Römerzeit, mit der römischen Kriegsgöttin Nerio und mit dem irischen Adjektiv „nert" würde „Njörd" hingegen als einen starken Gott kennzeichnen.

Es hat also zunächst einmal den Anschein, als ob Njörd und Njörun nicht näher miteinander verwandt wären, sondern beide eine getrennte Herkunft hätten: Njörun als eine Art Norne und Njörd als ein starker Gott.

Die beiden explizit starken Götter in den Mythen der (Indo-)Germanen sind der Göttervater Tyr und der Donnergott Thor – Niörd sollte also mit einem der beiden identisch sein.

> Die Deutung des Namens „Niörd" ist unsicher – er könnte „der starke Tote in der Unterwelt" sein, was ihn wie die anderen Meeresgötter als den ehemaligen Sonnengott-Göttervater Tyr in der Wasserunterwelt kennzeichnen könnte.

I 10. b) Asen-Heitis

Njörd erscheint in fast allen Asen-Listen. Der Verfasser der folgenden Liste ist unbekannt.

Ich werde euch
die Asen-Namen sagen:
Das sind Yggr und Thor
und Yngvi-Freyr,
Vidar und Baldur,
Vali und Heimdall,
das sind Tyr und <u>Njörd</u>,
weiterhin Bragi,
Hödur, Forseti,
und schließlich ist da noch Loki.

> Njörd ist ein Ase.

I 10. c) Skaldskaparmal

Der Gott Njörd wird in der Skaldskaparmal in einer Liste von Asen und Asinnen aufgeführt. Es fällt auf, daß Niörd schon als zweiter Ase genannt wird – er scheint ein wichtiger Gott gewesen zu sein.

Ein Mann heißt Ägir oder Hler; er bewohnte das Eiland, das nun Hlesey heißt, und war sehr zauberkundig. Er unternahm eine Reise nach Asgard; und als die Asen von seiner Fahrt erfuhren, wurde er wohl empfangen, jedoch mit allerlei Sinnverblendungen.
Und am Abend, als das Trinken beginnen sollte, ließ Odin Schwerter in die Halle tragen, die waren so glänzend, daß ein Schein davon ausging und es keiner andern Beleuchtung bedurfte, während man aß und trank.
Da kamen die Asen zu ihrem Gelage und zwölf der Asen, die da zu Richtern bestellt waren, setzten sich auf ihre Hochsitze. Dies sind ihre Namen: Thor, Niörd, Freyr, Tyr, Heimdall, Bragi, Widar, Wali, Ullr, Hönir, Forseti, Loki. Desgleichen heißen die Asinnen: Frigg, Freyja, Gefion, Idun, Gerd, Sigyn, Fulla, Nanna.

> Njörd ist ein wichtiger Ase.

I 10. d) Gylfis Vision

Niörds Geschichte beginnt in Noatun („See-Stadt") am Meer:

Niörd in Noatun zeugte seitdem zwei Kinder. Der Sohn hieß Freyr und die Tochter Freyja. Sie waren schön von Antlitz und mächtig.

Im Gegensatz zu allen anderen Asen lebt Njörd nicht in Asgard, sondern am Meer. Das Meer muß folglich in seiner Mythologie eine wichtige Rolle gespielt haben.
Ein „*tun*" ist ein Ort oder eine Stadt. Das Wort „*noa*" ist mit altnordisch „*naus*" für „Schiff" und mit lateinisch für „Schiff" verwandt. „*Noa*" ist somit eng mit dem Meeresgott-Namen „*Nökkvi*" verwandt. Die ursprüngliche Bedeutung dieser Worte ist „Wasser".

> Niörd lebt am Meer in Noatun („Schiffs-Stadt") und hat zwei Kinder: Freyr und Freya.

I 10. e) Heimskringla

In der Heimskringla wird Njörd in dem Bericht über das Leben des Königs Olaf des Ruhmreichen ausdrücklich „Gott des Meeres" genannt.

Als die Drachenschiffe des Königs eines Tages in einen heftigen Sturm gerieten, riefen alle die Götter um Hilfe an:

Alle riefen Njörd, den Gott des Meeres, an, und Thor und Odin nicht minder, und baten sie, sie aus ihrer Not zu befreien.

> Niörd ist der Gott des Meeres.

I 10. f) Saga über Olaf den Ruhmreichen

In dieser Saga erklärt ein christlicher Einsiedler, der früher einmal ein Leibeigener der Germanen gewesen ist, die Auffassung der damaligen gelehrten Christen über die heidnischen Götter:

Es schien, daß Cerdic der Name dieses (christlichen) *Einsiedlers war. Er war einst ein Leibeigener von Nordmännern gewesen und hatte Olafs Vater, König Tryggvi gekannt, dem Olaf von seiner Erscheinung her ähnlich sah. Er konnte die nordische Sprache sehr gut sprechen und seine sanfte und freundliche Stimme beruhigte alle, die sie hörten.*

Zunächst sprach er über die Einstellungen der heidnischen Männer, über ihre von Rache geprägten Einstellung und über ihre Grausamkeit in der Kriegführung und er verurteilte die Blutopfer und die Verehrung der geschnitzten Götterbilder.

Solche Götter wie Odin und Thor, Njörd und Freyr seien, sagte er, nur die Schöpfungen der dichterischen Phantasie der Menschen und es gäbe sie nicht wirklich. Odin sei einst ein irdischer Mann gewesen mit allen seinen Fehlern und Sünden. Das Erdbeben und der Donner hätten nichts mit dem Rollen von Thors Streitwagen oder dem Werfen von Thors Hammer zu tun. Die Wogen des Meeres würden sich im Zorn erheben und auch wieder in den Frieden zurückkehren, auch wenn der Name Njörd nie ausgesprochen worden wäre; und die Jahreszeiten würden aufeinander folgen, auf den Feldern und den Weiden würde auch ohne den Segen des Freyr alles wachsen.

> Niörd ist der Gott des Meeres.

I 10. g) Heimskringla

Die Gefjun gab er (Odin) seinem Sohn Skjoldr zur Frau und überließ ihnen Seeland. Er selbst aber ging zu Gylfi hinüber und erbaute sich dort das alte Sigtunir, während Njörd, der Sohn des Türkenhäuptlings Ingi, sich Noatun erbaute, und dessen Sohn Freyr sich Uppsalir erbaute.

Mit „hinüber" ist Dänemark gemeint. Normalerweise ist „Ingi" („Yngvi") ein Beiname des Freyr und nicht der Vater des Niörd. Interessanterweise wird hier Niörd als Sohn eines Asen („Türke") angesehen.

Freyr wurde in Uppsala in Schweden verehrt.

| Niörd ist der Sohn des Asen Ingi (Yngvi?) und der Vater des Freyr. Er wohnt in Noatun. |

I 10. h) Huldar-Saga

In dieser Saga findet sich eine ganz ähnliche Schilderung der Ankunft der Asen in Schweden:

Odinn war der Sohn des Bor, dieser war der Sohnes des Buri, der der Häuptling der Türken (Asen) war. Er zog mit den Diar aus Asgard aus und gelangte nach Odinsey auf Führen.

Von hier aus schickte er die Gefjun nach Schweden, welche nun von Gylfi für ihn Seeland bekam. Da Odin hörte, daß hier die kürzlich verstorbene Jörd verehrt werde, gab er sie für seine erste Frau und den Thor für ihrer beider Sohn aus und sicherte dadurch auch sich selber ein größeres Ansehen.

Die Gefjon gab er seinem Sohne Skjoldr zur Frau und überließ ihnen Seeland.

Er selbst aber ging zu Gylfi hinüber und erbaute sich dort das alte Sigtunir, während Njörd, der Sohn des Türkenhäuptlings Ingi, sich Noatun erbaute, und dessen Sohn Freyr sich Uppsalir erbaute.

Njördr hatte die Skadi zur Frau, eine Tochter des Riesen Thjazi, die sich aber aus Liebe zu den Bergen von ihm trennte. Sie heiratete Odin, mit dem sie viele Söhne gewann, deren ältester Sämingr war. Diesen wies Odin, weil er vermöge seiner Weissagungsgabe voraussah, daß er sich nach seinem Tode in Schweden nicht gegen Njördr und Freyr würde halten können, nach Norwegen hinüber, wo er sich im Drontheimischen niederließ.

> Niörds Frau ist Skadi, die Tochter des Tyr-Thiazi, die ursprünglich dessen Wiedergeburts-Mutter gewesen ist. Sie hat ihn verlassen, weil sie in den Bergen und nicht am Meer leben wollte. Niörds Sohn ist Freyr.
>
> Nach der Trennung von Niörd wurde Skadi die Frau des Odin – was vermuten läßt, daß Njörd eine Form des Tyr ist, da Odin nach dessen Absetzung all seinen Besitz und auch die mit ihm verbundenen Göttinnen übernommen hat.
>
> Niörd wohnt in Noatun.

I 10. i) Fornjot und seine Verwandten

In dieser Saga findet sich eine lange Genealogie, die von Odins Großvater bis zu König Harald Haarschön reicht. In ihr erscheint Njörd („Njard") sowohl als Vater des Freyr als auch als dessen Sohn – dies ist das einzige Beispiel für eine solche Verdopplung des Freyr.

Der König wurde Buri genannt, er herrschte über die Türkei (Asgard). Sein Sohn war Burr, der der Vater des Odin, des Königs der Götter, war; er war der Vater des Freyr, diese der des Njard, dieser der des Freyr, dieser des Fjolni, dieser der des Sveigdi ... ...

> Niörd wurde auch „Njard" geschrieben, was Niörds Identität mit „Nirdir" bestätigt – der Hauptvokal seines Namens scheint zwischen „jö", „iö", „i" und „a" geschwankt zu haben.
>
> Freyr ist sowohl Niörds Vater als auch Niörds. Das läßt vermuten, daß es sich bei Niörd und seinem Sohn Freyr um einen Gott handelt, der sich in einem endlosen Zyklus stirbt und wiedergeboren wird. Das spricht für die Identität von Niörd mit dem ehemaligen Sonnengott-Göttervater Tyr.

I 10. j) Islendinga-Buch

In diesem um 1125 n.Chr. von dem Isländer Ari Thorgilson dem Gelehrten verfaßten ersten Geschichtsbuch der Isländer findet sich eine Genealogie der Schwedenkönige, die mit Yngvi beginnt. In dieser Ahnenreihe sind Yngvi und Freyr nicht mehr identisch – stattdessen ist Yngvi der Großvater des Freyr.

Wie in einigen anderen frühen Geschichtsbüchern werden die Asen als „Könige der

Türken" bezeichnet – die Asen wurden als die Bewohner von Troja („Türken") aufgefaßt.

Aus dem „Frodi-Frieden" ist der „Fridfrodi" geworden.

„Yngvi" erscheint noch ein zweitesmal als Name eines Königs der Ynglinge.

Dies sind die Namen der Vorväter der Ynglinge und der Leute aus dem Breit-Fjord:

1. Yngvi, der König der Türken,
2. Niördr, der König der Schweden,
3. Freyr,
4. Fjölnir, der in Fridfrodi starb,
5. Svegdir,
6. Vanlandi,
7. Visburr,
8. Domaldr,
9. Somarr,
10. Dyggvi,
11. Dagr,
12. Alrekr,
13. Agni,
14. Yngvi,
15. Jörundr,
16. Aun der Alte,
17. Egil Vendill-Krähe,
18. Ottarr,
19. Adisl von Uppsala,
20. Eysteinn,
21. Yngvar,
22. Braut-Öndur,
23. Ingjaldr der Böse,
24. Olaf Baum-Fäller,
25. Halfdan Weiß-Knochen, König der Leute von Uppland,
26. Godrödr,
27. Olafr,
28. Helgi,
29. Ingjaldr, Sohn der Tochter des Sigurd, Sohn des Ragnar Loden-Hose,
30. Olaf der Weiße,
31. Thorsteinn der Rote,
32. Oleifr der Zaghafte, der der erste von ihnen gewesen ist, der sich in Island niedergelassen hat,

33. Thord der Schreier,
34. Eyjlofr, der in hohem Alter getauft wurde, als das Christentum nach Island kam,
35. Thorkell,
36. Gellir,
37. der der Vater des Thorkell war,
38. der wiederum der Vater des Brandr und meines Vaters Thorgill gewesen ist,
39. und ich werde Ari genannt.

In einer Genealogie ist Niörd der Sohn des Yngvi und der Vater des Freyr.

I 10. k) Grimnir-Lied

Iwalts Söhne ging in Urtagen
Skidbladnir zu schaffen,
das beste der Schiffe, für den schimmernden Freyr,
Niörds nützen Sohn.

„Iwalt" ist derselbe Name wie der des „Ölvaldi", der der Vater des Thiazi ist. „Iwalts Söhne" waren die beiden Zwerge, die den Göttern die meisten ihrer magischen Gegenstände geschmiedet oder auf andere Weise angefertigt haben.

Diese beiden „Söhne des All-Herrschers" sind die beiden Jünglinge, die in der Gestalt von zwei Pferden in den Mythen der meisten indogermanischen Völker den Streitwagen des Göttervaters ziehen. Als Odin die Position des Tyr übernahm, wurden aus dessen beiden Pferde-Jünglingen Odins achtbeiniges „Doppelpferd" Sleipnir.

Am Abend zerbrach das Schwert des Göttervaters Tyr und in der Nacht schmiedete er es neu. Daraus entstand der Schmiedegott Wieland. Als die beiden Söhne des Göttervaters für ihn diese Arbeit übernahmen, wurden sie zu den schmiedekundigen Zwergen. Die beiden Pferde-Jünglinge wurden in der Unterwelt zu Zwergen, weil sie tot waren – „Zwerg" bedeutet „Totengeist". Wieland wurde daher „Zwergen-König" genannt.

Das Schiff Skidbladnir ist das Fell des für den Toten geopferten Tieres. Auf solch ein Fell setzten sich auch die Priester-Schamanen, wenn sie ins Jenseits reisen, d.h. Mit den toten Kontakt aufnehmen wollten. Diese Symbolik ist sehr weit verbreitet und findet sich u.a. auch bei den Druiden (Stierfell), in den Mysterien von Eleusis (Ziegenfell) und bei den indischen Yogis (Antilopenfell).

> Niörd ist der Vater des Freyr.

I 10. l) Historia Norwegiae

Die Folge „Yngvi – Niörd – Freyr – Fjolnir" findet sich auch in der „Geschichte Norwegens", die um ca. 1211 n.Chr. verfaßt worden ist.

Ingui war der König, der der erste Herrscher von Schweden gewesen ist. Er war der Vater des Niörd, der wiederum der Vater des Freyr war. ... ... Freyr war der Vater des Fjolnir.

> In einem recht neuen Stammbaum ist Niörd der Sohn des Ingui und der Vater des Freyr.

I 10. m) Grimnir-Lied

Viele der Details, die sich in der Prosa-Edda über den Gott Njörd berichtet wurden, finden sich auch in den Liedern der Skalden.
In der Liste der Asen-Hallen wird über Niördr folgendes berichtet:

Noatun ist die elfte: da hat Niördr
sich den Saal erbaut.
ohne Fehl und Makel der Männerfürst
waltet hohen Hauses.

Die Bezeichnung „Männerfürst" ist zwar sehr allgemein, aber sie klingt doch nach einem König bzw. bei einem Asen nach dem Göttervater.

> Niördr wohnt in seiner Halle in Noatun. Er ist ein „Männerfürst" ohne Fehl und Makel.

I 10. n) Ynglinga-Saga

Zu der Herkunft des Freyr und der Freya gibt es in diesem Werk des Snorri Sturluson einen kurzen Kommentar:

Während Njörd noch bei den Wanenland-Leuten gewesen war, nahm er seine eigene Schwester zur Frau, denn das war von ihrem Gesetz erlaubt; und ihre Kinder waren Freyr und Freya. Unter den Asenland-Leuten war es jedoch verboten, unter so nahen Verwandten zu heiraten.

Das Geschwisterehe-Motiv stammt aus den Wiedergeburtsvorstellungen. Nachdem nicht nur der Sonnengott-Göttervater von der Göttin wiedergeboren wurde, sondern auch die Göttin selber, wurden beide zu Geschwistern. Dadurch wurde die nächste Wiederzeugung des Sonnengott-Göttervaters mit der Jenseitsgöttin zu einem Inzest.

> Njörd zählt zu den Wanen und hatte seine Schwester zur Frau – ein Motiv aus den Wiedergeburtsvorstellungen des Sonnengott-Göttervaters Tyr.
> Die Kinder des Njörd und seiner Schwester sind Freyr und Freya, die ebenfalls ein Paar sind.

I 10. o) Thrym-Lied

In diesem Lied wird lediglich bestätigt, daß Freya Njörds Sohn ist.

Anhob da Thrym, der Thursenfürst:
„Auf steht, ihr Riesen, bestreut die Bänke,
und bringe Freyja zur Braut mir daher,
die Tochter Niörds aus Noatun."

> Freya ist die Tochter des Niörd, der in Noatun lebt.

I 10. p) Skaldskaparmal

Freya wird an vielen Stellen wie z.B. in der folgenden Strophe „Njörds Tochter" genannt:

Und (Einarr Kessel-Rassler sang) auch so:

Eine reichliche Belohnung meiner Lieder
gab er mir gerne, der Nachbar
der See-Hügel: Ich preise glücklich
das goldene Juwel-Kind von Njörds Tochter.

„Njörds Tochter" ist Freya. Ihr „goldenes Juwel-Kind" ist Freyas goldener Halsreif Brisingamen, der mit den goldenen Tränen der Freya identisch sein wird. Dieser Halsreif wurde als ihre Tochter Görsemi personifiziert.

Freya ist die Tochter des Niörd.

I 10. q) Skaldskaparmal

Darin, daß Njörd der Vater von Freyr und Freya ist, sind sich alle Texte einig:

„Wie soll man Freya umschreiben?"
„So: Indem man sie Tochter des Njörd nennt, ..."

Freya ist die Tochter des Niörd.

I 10. r) Ynglinga-Saga

Die nächste Geschichte aus den Mythen des Njörd wird in der Ynglinga-Saga berichtet.

Am Anfang dieses mythologisch-historischen Werkes von Snorri Sturlusson erscheinen einige Asen, die entsprechend der damaligen Weltanschauung als Könige und große Krieger der Vorzeit angesehen wurden.

Odin zog mit einem großen Heer zu den Leuten aus dem Wanen-Land, aber sie waren gut vorbereitet und verteidigten ihr Land; daher war der Sieg wechselhaft und sie verwüsteten gegenseitig ihre Länder und verursachten große Schäden.
Schließlich waren beide dieses Kampfes müde und beide Seiten trafen sich, um einen Frieden auszuhandeln, einen Waffenstillstand zu vereinbaren und Geiseln

auszutauschen. Das Wanenland sandte seinen besten Mann: Njörd den Reichen und seinen Sohn Freyr.

Da Njörd „der Reiche" genannt wurde, ist er offenbar auch ein Gott des Wohlstandes gewesen.

Ein Krieg zwischen den Asen und den Wanen, also zwischen den beiden Göttergeschlechtern, der zudem mit einem Waffenstillstand geendet hat, ist ausgesprochen interessant. Der einzige Götterkrieg, auf den diese Beschreibung passt, ist die Begegnung der nordgermanischen Götter mit den südgermanischen Göttern, die um 500 n.Chr. mit der Absetzung des nordgermanischen Tyr als Göttervater und der Vereinigung der beiden Götterkreise geendet ist.

Durch diesen Friedensschluß gibt es in dem überlieferten Pantheon der Nordgermanen z.B. die Wiederzeugungs-Muttergöttin zweimal: die nordgermanische Freya und die südgermanische Frigg, der Namen nur eine Variante von „Freya" ist.

Da Odin der Göttervater der Südgermanen gewesen ist, sind die südgermanischen Götter die Asen und die nordgermanischen Götter die Wanen. Dazu paßt, daß sich Tyr als der Meeres- und Wasserunterwelts-Riese Niörd-Ägir-Gymir-Hler bei den nordgermanischen Wanen befindet, deren Göttervater er bis 500 n.Chr. gewesen ist.

Njörd gehört zu den nordgermanischen Wanen, gegen die die südgermanischen Asen unter der Führung von Odin einen Krieg geführt haben, der um 500 n.Chr. mit der Absetzung des Tyr-Niörd und der Vereinigung der beiden Götterkreise geendet hat.

Niörd ist auch ein Gott des Wohlstandes.

I 10. s) Saga über Egil Skallagrimsson

In den Skalden-Liedern gibt es viele Anspielungen auf Njörds Reichtum. Auch der Skalde Arinbjorn benutzt dieses Motiv:

„Die Leute bestätigen
mit verwundertem Lob,
daß er allen Gästen
gute Geschenke gab:
Björn Herd-Stein
ist reichlich
mit Gaben gesegnet
durch Freyr und Niörd."

Niörd und Freyr sind die Wohlstands-Götter.

I 10. t) Saga über Egil Skallagrimsson

Egil sang folgende Worte in einem Fluch gegen König Erik Blutaxt, mit dem er im Streit lag:

„Entlohnt ihm, gerechte Götter,
den Raub meiner Schätze!
Jag ihn fort, sei wütend,
hoher Odin, himmlische Mächte!
Feind seines Volkes, niederer König,
Mögen Freyr und Njörd ihn fliehen!
Haßt ihn, Land-Schutzgeister, haßt den,
der heilige Erde besudelt hat!"

Da Freyr und Njörd die Götter des Wohlstandes waren, wünscht Egil dem König mit Zeile 5 und 6 Armut.

Diese Verse zeigen, daß der Schutz der Erde durch die Landgeister als in etwa genauso wichtig angesehen wurde, wie der Schutz der Menschen durch die Götter.

Das altnordische Wort für „Landgeister" lautet „land-vättr". Das Wort „vättr" bedeutet „Wicht, Wesen, Geist, Ding, Sache" und leitet sich von dem germanischen Substantiv „wihtiz" für „Wesen, Ding, Sache" her. Dieser „Geist" ist somit ein sehr unspezifischer Begriff.

Die vier Landwächter Islands sind neben der Vielzahl der kleinen Pukis ein Drache, ein Stier, ein Riese und ein Adler.

die vier Landwächter Islands

Diese Landgeister wurden sehr ernst genommen: Der erste Paragraf des alten isländischen Gesetzes besagte, daß von jedem Drachenboot außerhalb der Sichtweite von Island der Drachenkopf abgenommen werden mußte, damit die Landgeister nicht erschreckt wurden.

Niörd und Freyr sind die beiden Götter, die Wohlstand und Landbesitz und Herrschaft geben und auch wieder nehmen können.

I 10. u) Arinbjarnar-Kvida

Um ca. 950 n.Chr. hat der Skalde Egil Skallagrimsson ein Lied verfaßt, in dem er sagt, daß sein Freund Arinbjörn („Felsen-Bär") von Freyr und dessen Vater Niörd gesegnet ist.

Freyr und Niörd
haben Arinbjörn
mit der Macht
des Wohlstandes
gesegnet.

Die beiden Götter wurden offenbar als Spender der Fülle und des Wohlstandes angesehen.

> Niörd und Freyr sind die Wohlstands-Götter.

I 10. v) Skaldskaparmal

So sang Egil Skallagrimsson:

„Denn den Grjotbjörn
haben Freyr und Njördr
mit Gütern und Gutem
reich gesegnet."

Der Aspekt des Spenders der Fülle scheint bei Njörd sehr ausgeprägt gewesen zu sein.

> Niörd und Freyr sind die Wohlstands-Götter.

I 10. w) Gylfis Vision

Über den schon erwähnten Geiseltausch zwischen den Asen und den Wanen wird auch in der Edda berichtet:

> *Er (Njörd) wurde in Wanaheim erzogen, und die Wanen gaben ihn den Asen zur Geisel und nahmen dafür von den Asen den Hönir zur Geisel: So verglichen sich durch ihn die Götter mit den Wanen.*
>
> Der Wane Njörd und der Ase Hönir wurden zwischen den beiden Kriegsparteien nach dem Friedensschluß als Geiseln getauscht.
> Beide Götter mußten sehr geachtet sein, da sie sonst keinen Wert als Geiseln gehabt hätten.

I 10. x) Lokasenna

In der „Zankrede des Loki" findet sich ein versteckter Hinwies zu der Geiselhaft des Njörd – die auf Loki-typische Weise übertrieben und verzerrt dargestellt worden ist.

Niördr:
„Die Schöngeschmückten, das schadet nicht,
Wählen Männer wie sie mögen;
Des Verworfnen Weilen bei den Asen wundert nur,
Der Kinder konnte gebären."

Verworfener = Loki

Loki:
„Schweig Du, Niörd, von Osten gesendet
Als Geisel bist Du den Göttern.
Hymirs Töchter nahmen Dich da als Nachttopf
Und machten Dir in den Mund."

Niördr:
„Des Schadens tröstet mich, seit ich gesendet ward
Fernher als Geisel den Göttern,
Daß mir erwuchs der Sohn, wider den niemand ist,
Der für den Ersten der Asen gilt."

Loki:
„Laß endlich, Niörd, den Übermut,
Ich hab es länger nicht hehl:
Mit der eignen Schwester den Sohn erzeugtest Du,
Der eben so arg ist wie Du."

Loki verspottet den Njörd in diesem Lied auf ziemlich heftige Weise. Da Loki die Dinge zwar verdreht und aus einem anderen Blickwinkel darstellt, aber sich dabei immer auf „reale Ereignisse", d.h. auf vorhandene Mythen bezieht, muß es eine Erzählung gegeben haben, in der Njörd als Geisel bei Tyrs Vater Hymir gewesen ist und dabei von dessen Töchtern mißhandelt worden ist.

Dieser Aufenthalt als Geisel bei Hymir erinnert sehr an Njörd als Geisel bei den Asen. Vermutlich stammen beide Szenen aus derselben Mythe, was bedeuten würde, daß sich Njörd während seiner Geiselhaft bei Tyrs Vater Hymir aufgehalten hat. Da Hymir am „Rand des Himmels" wohnte, befand er sich im Utgard-Jenseits der Riesen. Das Jenseits wurde mit der Nacht und dem Winter assoziiert, was bedeutet, daß sich Njörd während seiner Geiselhaft bei Hymir im Jenseits befand – so wie während der neun Monate, die er jedes Jahr zusammen mit Skadi in „Thrym-Heim", also in der Felsen-Heimat der Riesen, verbrachte. Diese neun Monate sind der Winter, während dem der Sommergott Tyr in der Unterwelt gefangen war.

Der Zyklus der neun Wintermonate und der drei Sommermonate ist bei Njörd und Skadi zu einem Ehestreit über den gemeinsamen Wohnort umgedeutet worden.

Als Tochter des Thiazi, der ursprünglich Tyr gewesen ist, könnte Skadi durchaus auch als eine Tochter des Hymir angesehen werden.

Der Plural „Hymirs Töchter" könnte ähnlich wie die „neun Mütter" des Heimdall aus einer Vervielfältigung der Jenseitsgöttin entstanden sein – diese Entwicklung ist im Zusammenhang mit dem Wiederzeugungs-Motiv in den indogermanischen Mythen sehr häufig zu beobachten.

Njörd ist vom Osten her, also von den Riesen aus, als Geisel zu den Asen gesandt worden. Die Wanen sind hier den Riesen verglichen worden – vermutlich weil der Riese Tyr, der mit Njörd identisch ist, der wichtigste Wanengott gewesen ist. Als Geisel ist Njörd von den Töchtern des Hymir, d.h. von der zu Riesinnen umgedeuteten Jenseitsgöttin mißhandelt worden – was sicherlich eine relativ neue Umdeutung ist.

Njörd hat zusammen mit seiner Schwester den Freyr zum Sohn.

I 10. y) Heimskringla

In diesem mythologisch-historischen Werk werden Njörd und Freyr zweimal als „Odins Diar" („Odins Priester") erwähnt. Da der Göttervater Odin in diesem Text als Fürst beschrieben wird, kann man davon ausgehen, daß seine Priester Niörd und Freyr auch Götter gewesen sind.

Es ist interessant, daß Niörd und Freyr nicht mit der allgemeinen Priester-Bezeichnung „Gode" benannt werden, sondern mit der Bezeichnung „Diar", die mit dem Göttername „Tyr" eng verwandt ist und „Priester des Tyr" bedeutet. Das zeigt, daß es eine enge Verbindung zwischen Niörd/Freyr und Tyr gegeben haben muß: Niörd ist eine der vielen Formen des ehemaligen Göttervaters Tyr als Gott/Riese in der Wasserunterwelt.

Die genannten „Künste" sind die Magie, die Astralreise, das Durchführen von Orakeln u.ä. Sie werden in der Heimskringla im Anschluß an die folgende Textstelle ausführlich beschrieben.

Als Odin aus dem Asen-Land nach Norden kam und mit ihm die Diar-Priester (Njörd und Freyr), zeigten und lehrten sie den Leuten die Künste, die diese anschließend für lange Zeit ausübten.

Odin war der geschickteste von allen und von ihm lernten all die anderen seine Künste und seine Fähigkeiten – und er kannte sie als erster und kannte viel mehr von ihnen als andere Menschen.

> Niörd und Freyr werden als die „Tyr-Priester" („Diar") des Odin bezeichnet – sie sind also einst eng mit Tyr verbunden gewesen.
> Niörd und Freyr sind in der Magie bewandert.

I 10. z) Ynglinga-Saga

Odins „Reichsordnung" wird hier ausführlicher dargestellt:

Als Odin hörte, daß die Dinge in Gylves Land im Osten neben ihm in einem guten Zustand waren, ging er dorthin und Gylve schloß Frieden mit ihm, denn Gylve glaubte, daß er nicht die Stärke hätte, sich gegen die Leute des Asen-Landes zur Wehr zu setzen. Odin und Gylve versuchten viele Tricks und Zauber gegeneinander, aber die Leute des Asen-Landes gewannen jedesmal.

Odin errichtete seine Hauptstadt am Mälar-See an dem Ort, der heute Sigtun genannt wird. Dort errichtete er einen großen Tempel, in dem entsprechend den Bräuchen der Leute des Asen-Landes geopfert wurde. Er unterstellte sich selber den gesamten Bereich und nannte ihn Sigtun. Den Tempelpriestern gab er ebenfalls Ländereien.

Njörd lebte in Noatun, Freyr in Uppsala, Heimdall in Himminsborg, Thor in Thrudvang, Balder in Breidablick; ihnen allen gab er gute Ländereien.

> Niörd wohnt in Noatun. Freyr lebt in Uppsala, wo ab 500 n.Chr., also nach der Absetzung des Tyr als Göttervater, der schwedische Haupttempel gestanden hat, in dem Thor, Odin und Freyr verehrt worden sind.

I 10. aa) Die Saga über Hedin und Högni

Die eben beschriebene Rolle des Niörd wird in dieser Saga bestätigt. Auch in dieser Saga findet sich die Deutung der Götter als mächtige Vorzeit-Könige.

Östlich von Vanakvisl in Asien gab es einen Ort, der Asialand oder Asiaheim genannt wurde. Und die Menschen, die dort lebten, wurden Asen genannt und ihre Hauptstadt Asgard. Odin war der König, der dort herrschte. Dort gab es einen großen Tempel. Odin bestimmte Njörd und Freyr als Hohepriester. Njörds Tochter wurde Freya genannt. Sie begleitete Odin und war seine Geliebte.

Njörd war offensichtlich einer der wichtigsten Götter, da er bei der Übertragung der Mythen in den Bereich der Sagen zum Hohepriester wurde. Vermutlich war ihm der „große Tempel" geweiht.

> Niörd und Freyr sind die Hohepriester in Odins Reich. Freyr ist Niörds Sohn.

I 10. ab) Ynglinga-Saga

In diesem alten, halb mythologischen, halb historischen Geschichtswerk wird dasselbe berichtet:

Odin ernannte Njörd und Freyr zu Opferpriestern und sie wurden die Diar der Asenland-Leute. Njörds Tochter Freya wurde die Opferpriesterin und lehrte als erste den Asenland-Leuten die magischen Künste wie sie bei den Wanenland-Leuten üblich und weit verbreitet waren.

> Niörd und Freyr werden als die „Tyr-Priester" („Diar") des Odin bezeichnet – sie sind also eng mit Tyr verbunden.
> Freya Niörd-Tochter lehrt die Menschen die Magie.

I 10. ac) Skaldskaparmal

Die Geschichte des Njörd wird in der Edda ausführlich berichtet. Das nächste Kapitel seiner Mythen beginnt in der Skaldskaparmal mit der Entführung der Idun:

Er (Bragi) begann seine Erzählung damit, daß drei Asen auszogen, Odin, Loki und Hönir.
(Bragi sprach:) „Sie fuhren über Berge und öde Marken, wo es um ihre Kost übel bestellt war.
Als sie aber in ein Tal herabkamen, sahen sie eine Herde Ochsen; da nahmen sie einen der Ochsen und wollten ihn sieden. Und als sie glaubten, daß er gesotten wäre, und den Sud aufdeckten, war er noch ungesotten. Und zum zweitenmal, als sie den Sud wieder aufdeckten, nachdem einige Zeit vergangen war, fanden sie ihn noch ungesotten. Da sprachen sie unter sich, wovon das kommen möge.
Da hörten sie oben in der Eiche über sich sprechen, daß der, welcher dort sitze, schuld sei, daß der Sud nicht zum Sieden komme. Als sie hinschauten, saß da ein Adler, der war nicht klein.

Diese Geschichte wird auch in dem Lied „Haustlöng" berichtet. Dort wird ersichtlich, daß der Stier ein Opfertier auf einem Altar unter dem Weltenbaum ist.

Der Adler auf diesem Baum hat seinen Ursprung in dem Adler-Seelenvogel des indogermanischen Göttervaters Dhyaus, der von den Germanen „Tyr" genannt wurde und dessen Nachfolger Odin war.

Der Name „Thiazi" ist eine der vielen Varianten von „Tyr", „Tiu", „Tiuz" usw. Da der Unterschied zwischen den Riesen und den Asen vor allem darin besteht, daß die Riesen die Eltern der Asen sind und im Jenseits leben, während die Asen in Asgard leben, geht Thiazi auf den Göttervater in der nächtlichen bzw. winterlichen Unterwelt zurück. Dies paßt dazu, daß Thiazis die Gestalt eines Adlers angenommen hat, da dieser die „Seele ohne Körper" und somit den Aufenthalt des Betreffenden im Jenseits darstellt.

Thiazi ist sozusagen die „Land-Variante" der Meeresgötter Ägir, Gymir, Hler und

Niörd, die Tyr in der Wasserunterwelt sind.

Es handelt sich bei dieser Eröffnungsszene um ein Stieropfer an den Göttervater wie es auch aus vielen anderen Zusammenhängen bekannt ist.

Das Motiv des Opfers, das nicht kochen will, ist auch aus den Mythen der Kelten gut bekannt wie z.B. aus der Jenseitsreise des Königs Cormac.

Da sprach der Adler: „Wollt ihr gestatten, daß ich mich von dem Ochsen sättige, so soll der Sud sieden."

Das sagten sie ihm zu: da ließ er sich vom Baum nieder, setzte sich zum Sud und nahm sogleich die zwei Lenden des Ochsen vorweg mit beiden Vorderteilen.

Da wurde Loki zornig, ergriff eine große Stange und stieß sie mit aller Macht dem Adler in den Leib. Der Adler wurde scheu von dem Stoße und flog empor: da haftete die Stange in des Adlers Rumpf; aber Lokis Hände an dem andern Ende.

Ursprünglich hat der Sommergott Tyr-Thiazi den Falken-Seelenvogel des Wintergottes Loki im Frühjahr mithilfe einer Leimrute gefangen und dann eingesperrt, sodaß es drei Monate lang Sommer sein konnte.

Der Adler flog so nah am Boden, daß Loki mit den Füßen Gestein, Wurzeln und Bäume streifte; die Arme aber, meinte er, würden ihm aus den Achseln reißen. Er schrie und bat den Adler flehentlich um Frieden; der aber sagte, Loki solle nimmer loskommen, er schwöre ihm denn, Idun mit ihren Äpfeln aus Asgard zu bringen.

Das bewilligte Loki: da ward er los und kam zurück zu seinen Gefährten; und diesmal wurde von dieser Reise mehr nicht erzählt bis sie heimkamen.

Zur verabredeten Zeit aber lockte Loki Idun aus Asgard in einen Wald, indem er vorgab, er habe da Äpfel gefunden, die sie Kleinode dünken würden; auch riet er ihr, ihre eigenen Äpfel mitzunehmen, um sie mit jenen vergleichen zu können.

Da kam der Riese Thiazi in Adlershaut dahin, ergriff Idun und flog mit ihr fort gen Thrymheim, wo seine Heimstatt war.

Der Seelenvogel des ehemaligen Sonnengott-Göttervaters Tyr und auch des neuen Göttervaters Odin ist der Adler.

„Thrym" ist ein weiterer Name des Tyr, der in „Thrymheim" wohnt.

Die Asen aber befanden sich übel bei Iduns Verschwinden, sie wurden schnell grauhaarig und alt.

Iduns Äpfel gaben den Asen ihre ewige Jugend.

Da hielten sie Versammlung und einer frug den andern, was man zuletzt von Idun wisse. Das letzte, was man von ihr gesehen hatte, war, daß sie mit Loki aus Asgard gegangen war. Da wurde Loki ergriffen und zur Versammlung geführt, auch mit Tod oder Peinigung bedroht.

Da erschrak er und versprach, er wolle nach Idun in Jötunheim suchen, wenn Freyja ihm ihr Falkengewand leihen wolle. Als er das erhielt, flog er nordwärts gen Jötunheim und kam eines Tags zu des Riesen Thiazi Behausung. Er war eben auf die See gerudert und Idun allein daheim.

Da wandelte Loki sie in Nußgestalt, hielt sie in seinen Klauen und flog was er konnte. Als aber Thiazi heimkam und Idun vermißte, nahm er sein Adlerhemd und flog Loki nach mit Adlersschnelle.

Die Haselnuß hat bei den Germanen und bei den Kelten dieselbe Symbolik wie der Apfel und wie der Göttermet: Sie geben alle das ewige Leben und oft auch die Weisheit und die Dichtkunst.

Als aber die Asen den Falken mit der Nuß fliegen sahen und den Adler hinter ihm drein, da gingen sie hinaus unter Asgard und nahmen eine Bürde Hobelspäne mit. Und als der Falke in die Burg flog und sich hinter der Burgmauer niederließ, warfen die Asen alsbald Feuer in die Späne.

Der Adler vermochte sich nicht innezuhalten, als er den Falken aus dem Gesicht verlor: also schlug das Feuer ihm ins Gefieder, so daß er nicht weiterfliegen konnte. Da waren die Asen bei der Hand und töteten den Riesen Thiazi innerhalb des Gatters – allbekannt ist dieser Totschlag.

Das Feuer ist aufgrund der Feuerbestattungen ein weitverbreitetes Symbol des Jenseitstores.

Die Szene der Ermordung des Tyr-Thiazi ist der mythologische Bericht über die Absetzung des ehemaligen nordgermanischen Göttervaters Tyr um 500 n.Chr. durch Thor und Odin.

Aber Skadi, des Riesen Thiazi Tochter, nahm Helm und Brünne und alles Hausgerät und fuhr gen Asgard, ihren Vater zu rächen. Da boten ihr die Asen Ersatz und Buße.

Es fällt auf, daß die Asen nicht gegen die Riesin kämpfen (Thor hat da normalerweise keine Hemmungen …), sondern ihr einen Ausgleich anbieten. Dieses auffällige Verhalten erklärt sich jedoch sofort, wenn man bedenkt, daß Skadis Vater eigentlich der Göttervater Tyr im Jenseits und sie selber die Jenseitsgöttin ist.

Dies läßt zumindestens vermuten, daß das Stieropfer zu Beginn der Geschichte für die Rückkehr des Göttervaters aus der (winterlichen) Unterwelt ausgerichtet worden ist.

Die ursprüngliche Funktion dieses Opfers liegt darin, daß man glaubte, daß der Wiedergeburt eine Wiederzeugung vorausgeht und man daher dem Toten bzw. dem Sonnengott-Göttervater ein männliches Herdentier opferte und ihn mit diesem Tier identifizierte, um auf diese Weise seine für die Wiederzeugung benötigte Zeugungskraft zu sichern.

In den Mythen vieler indogermanischer Völker nimmt der Sonnengott-Göttervater im Jenseits die Gestalt eines Stieres an (z.B. Zeus bei der Entführung der Europa) und die Muttergöttin im Jenseits die Gestalt einer Kuh (wie Io auf der Flucht vor Zeus). Der neugeborene Sonnengott ist folglich ein Kälbchen (wie der persische Mithras). Alternative Tiere waren vor allem das Pferd (Demeter und Poseidon vereinen sich als Hengst und Stute) und das Wildschwein (der Eber des Freyr und die Bache der Freya) sowie die Ziege (Thors Ziegenböcke und der griechische Pan).

Zum ersten sollte sie sich einen der Asen zum Gemahl wählen, aber ohne mehr als die Füße von denen zu sehen, unter welchen sie wähle.

Die Füße sind bei den Indogermanen und auch bei den ihnen verwandten Volksgruppen bis hin zu den Ägyptern ein Motiv des Sonnengottes. Dies liegt daran, daß er jeden Tag über den ganzen Himmel und des nachts durch die ganze Unterwelt wandern muß. Später fuhr er dann in einer Barke oder in einem Streitwagen, bis er schließlich zu einem Reiter wurde.

Das Fuß-Motiv erscheint vor allem als fehlender Schuh (Jason bei den Griechen, Aschenputtel, Prinzessin-Märchen bei den Ägyptern), als Schuster-Beruf des Sonnengottes (Lugh bei den Kelten) und als der besonders starke Schuh (Widar bei den Germanen).

Man kann also davon ausgehen, daß die Gattenwahl anhand der Füße einen Zusammenhang mit dem Sonnengott-Göttervater Tyr hat, der in dieser Mythe als Skadis Vater Thiazi erscheint.

Da in den Mythen die Jenseits-Muttergöttin aufgrund des Wiederzeugungs-Motives zunächst die Geliebte des Jenseitsreisenden war und anschließend nach dessen Wiedergeburt auch zu seiner Mutter wurde, vermischten sich in den Mythen die Generationen miteinander, sodaß die Jenseitsmutter schließlich auch zur Tochter des Göttervaters werden konnte.

Das Wiederzeugungs-Motiv findet sich in den germanischen Mythen vor allem in der Vereinigung eines Asen mit einer Riesen. Eine Asin war eine Göttin in Asgard und eine Riesin war vor allem eine Göttin in der Unterwelt.

Am deutlichsten findet sich dieses Motiv in Odins Reise zu Gunnlöd dargestellt: Odin verwandelt sich in eine Schlange (Gestalt der Toten auf dem Weg ins Jenseits) und kriecht in einen Berg (Hügelgrab = Totenreich), vereint sich sich dort drinnen mit der Riesin Gunnlöd (Wiederzeugung), trinkt ihren gesamten Met (Wiederstillen), verwandelt sich in einen Adler (Wiedergeburt als Seelenvogel) und fliegt zurück nach Asgard.

Diese Symbolik liegt auch dieser Erzählung über Thiazi und Skadi zugrunde – ihr Ursprung ist die nächtliche bzw. winterliche Jenseitsreise des ehemaligen Sonnengott-Göttervaters Tyr.

Da sah sie eines Mannes Füße vollkommen schön und rief: „Diesen wähle ich. Baldur ist ohne Fehl."
Aber es war Niördr von Noatun.

Die Wahl der Skadi zeigt, daß auch die Mythen des Asen Niörd von der Symbolik des Sonnengott-Göttervaters beeinflußt worden sind, denn der „Mann" der Jenseitsgöttin Skadi ist der Sonnengott-Gottervater, den sie nach der Vereinigung mit ihm wiedergebiert. Auch Skadis „Wunsch-Gatte" Baldur ist ein Nachfolger des Tyr – beide sind der Sommergott.

Da Niörd ein Gott des Meeres ist, besteht zwischen Niörd und dem Göttervater (Tyr) derselbe Zusammenhang wie zwischen den Meeresriesen Ägir/Hler/Gymir und dem Göttervater. Auch diese drei Riesen weisen die Symbolik des Sonnengott-Göttervaters auf.

Der Sonnengott-Göttervater versinkt am Abend bzw. im Herbst (Ragnarök) im Meer und kehrt am Morgen bzw. im Frühjahr wieder aus ihm zurück. Der „Gott des Meeres" und der „Göttervater im Meer" sind derselbe.

Dadurch, daß Thiazis Tod gesühnt wird, indem Skadi den Njörd zum Mann erhält, wird deutlich, daß Thiazi und Njörd beide der Göttervater in der Unterwelt sind.

Eine ihrer Vergleichsbedingungen war auch, daß die Asen es dahin bringen sollten, daß sie lachen müsse; sie glaubte, das würden sie nicht zuwege bringen.

Dies klingt fast wie eine therapeutische Auflösung des Traumas der Skadi, das durch den Mord an ihrem Vater entstanden ist.

Vermutlich ist es aber eher ein Hinweis auf ein sexuelles Motiv, da das Lachen oft ein bewußtes oder unbewußtes Ersatz-Bild für den Orgasmus ist.

Da befestigte Loki eine Schnur an dem Bart einer Ziege und deren anderes Ende an seinen Hoden, wodurch sie hin und her gezogen wurden und beide laut schrien vor Schmerz. Drauf ließ sich Loki in Skadis Schoß fallen. Sie lachte und somit war ihre Aussöhnung mit den Asen vollbracht.

Die Ziege ist hier vermutlich das ehemalige Opfertier bei der Jenseitsreise, also bei der Bestattung, bei der Einweihung der Priester-Schamanen, bei der Krönung, bei der

Kriegerweihe und bei den Ritualen für die Rückkehr der Sonne. Die Schur zwischen dem Bart der Ziege und Lokis Hoden spricht auch für eine solche Deutung. Schließlich spricht es auch noch für eine solche Auffassung, daß sich der (nackte) Loki in den Schoß der Skadi fallen läßt und beide „lachten".

Es wird gesagt, daß Odin zur Buße noch Thiazis Augen nahm, sie an den Himmel warf und zwei Sterne daraus bildete."

Auch diese „Sonderbehandlung" des Riesen Thiazi spricht dafür, daß Thiazi einst der Sonnengott-Göttervater Tyr gewesen ist. Die beiden „Sterne" werden Sonne und Mond gewesen sein.

Da sprach Ägir: „Ein gewaltiger Mann dünkt mich Thiazi gewesen zu sein; aber welcher Abstammung war er?"
Bragi antwortete: „Ölwaldi hieß sein Vater."

„Ölwaldi" bedeutet „All-Herrscher". Ein solcher Name steht nur dem Göttervater selber zu. Da der Tod und die Wiedergeburt des Sonnengott-Göttervaters ein zyklischer Vorgang ist, muß natürlich auch Thiazis Vater der Göttervater sein.

Die Erd- und Jenseitsgöttin Skadi, die als Tochter des Tyr-Thiazi angesehen wurde, ist ursprünglich dessen Wiedergeburts-Mutter gewesen. Nach der Ermordung des Thiazi fordert sie von den Asen dafür einen Asen als Gatten als Buße. Sie wünscht sich Baldur, der als Sommergott ein Nachfolger des Tyr ist. Sie erhält jedoch Niörd, der daher auch ein „Tyr-Gott" sein muß. Die Wahl ihres Gatten nur anhand der Füße der Asen zeigt ebenfalls, daß es hier um den Sonnengott als Himmelswanderer geht.

I 10. ad) Gylfis Vision

Die in der Skaldskaparmal berichtete Geschichte wird in „Gylfis Vision" fortgeführt:

Der dritte Ase wird Niörd genannt; er bewohnt im Himmel die Stätte, welche Noatun („Ort am Meer") heißt.
Er beherrscht den Gang des Windes und stillt Meer und Feuer; ihn ruft man zur See und bei der Fischerei an.
Diese große Macht des Njörd paßt gut zu einem Göttervater. Als Sonnengott fuhr er durch die *Luft*, ging durch das *Feuer*-Jenseitstor und war des Nachts in der *Wasser-*

Unterwelt.

Der alte Tyr ist in der Gestalt des Riesen Forniot der Vater der drei Riesen Hler („Meer"), Logi („Feuer") und Kari („Wind"), die genau den drei oben genannten Elementen entsprechen. Niörd ist mit dem Tyr-Riesen Forniot identisch.

Er ist so reich und vermögend, daß er allen, welche ihn darum anrufen, Gut, liegendes sowohl als fahrendes, gewähren mag.

Da der Göttervater letztlich die Verfügungsgewalt über alle Dinge hat, ist er auch reich – wobei dieser Aspekt des Charakters des Njörd schon eine spezielle Weiterentwicklung ist, die sich z.B. bei Tyr und Odin nicht findet, deren Schwerpunkt auf Kampf und Krieg liegt.

Niörd und sein Sohn Freyr sind die Götter des Wohlstandes.

Niörds Frau heißt Skadi und ist die Tochter des Riesen Thiazi. Skadi wollte wohnen, wo ihr Vater gewohnt hatte, nämlich auf den Felsen in Thrymheim, aber Niörd wollte sich bei der See aufhalten.
Da verglichen sie sich dahin, daß sie neun Nächte in Thrymheim und dann andere drei in Noatun sein wollten.

Das Jahr hatte im Norden neun Wintermonate und drei Sommermonate – das Paar lebte folglich im Winter im Riesenheim (Thrymheim) und im Sommer an der See. Dieser Wechsel entspricht dem zyklischen Wohnort-Wechsel des Sonnengott-Göttervaters, der während des Sommers im Diesseits und während des Winters im Jenseits (Riesenheim) weilt.

Aber als Niörd von den Bergen nach Noatun zurück kam, sang er:

„Leid sind mir die Berge; nicht lange war ich dort,
Nur neun Nächte.
Der Wölfe Heulen dauchte mich widrig
Gegen der Schwäne Singen."

Aber Skadi sang:

„Nicht schlafen konnt' ich am Ufer der See
Vor der Vögel Lärm;
Da weckte mich vom Wasser kommend
Jeden Morgen die Möwe."

Da zog Skadi nach den Bergen und wohnte in Thrymheim. Da jagt sie oft auf Schneeschuhen mit ihrem Bogen nach Tieren. Sie heißt Schneeschuhgöttin oder Öndurdis.
Von ihr heißt es (im Grimnir-Lied)*:*

Thrymheim heißt die sechste, wo Thiazi hauste,
Jener mächtige Jote;
Nun bewohnt Skadi, die scheue Götterbraut,
Des Vaters alte Veste.

> Niörd wohnt in Noatun. Er ist der Herr des Meeres, des Feuers und der Luft, die die drei Söhne des Tyr-Riesen Forniot sind, der mit Niörd identisch ist. Niörd hilft insbesondere bei der Seefahrt und bei der Fischerei. Er ist generell der Gott des Wohlstandes.
> Niörd wollte am Meer wohnen, seine Frau Skadi jedoch in den Bergen – was schließlich der Grund für die Trennung der beiden wurde. Ihr Kompromiß, abwechselnd neun Tage in den Bergen und drei Tage an der See zu leben, geht auf die alte Jahreszeitenzyklus-Mythe zurück, in der der Sommergott Tyr die neun Wintermonate über in dem gebirgigen Riesen-Jenseits Utgard gefangen liegt und in der der der Wintergott Loki die drei Sommermonate über in der Hel gefesselt liegt.
> Skadi lebt an dem Ort Thrymheim, der einst ihrem Vater Tyr-Thiazi gehört hat und der mit dem Noatun des Niörd identisch ist.

I 10. ae) Skaldskaparmal

Über die Trennung von Njörd und Skadi wird auch in dem „Lehrbuch der Skalden-Kunst" berichtet.

„Wie soll man Niörd umschreiben?"
„Indem man ihn Wanen-Gott oder Verwandter der Wanen nennt oder Wane, Vater des Freyr und der Freya, Gott der Verleihung des Wohlstandes.
So sang Thordr Sjarekson:

„Die weise Gottes-Braut (Skadi)
trauerte an der Seite des Wanen (Njörd).*"*

Hier wird gesagt, daß sich Skadi von Njörd trennte, wie bereits geschrieben worden ist.

> Niörd gehört zu den Wanen und ist der Gott des Wohlstandes. Seine Kinder sind Freyr und Freya. Seine Frau Skadi hat sich von ihm getrennt.

I 10. af) Ynglinga-Saga

Njörd nahm eine Frau, die Skade genannt wurde, aber sie wollte nicht mit ihm leben und heiratete später Odin und hatte viele Söhne mit ihm, von denen einer Säming war.

Säming war der Stammvater der norwegischen Könige und der Jarle von Hladir.
Da Odin der Nachfolger des Tyr als Göttervater gewesen ist, befinden sich in Skadis Sippe somit sechs Götter, Riesen, Helden und Könige, die der Göttervater sind bzw. maßgeblich durch seine Mythen geprägt worden sind:

Ölvaldi – „All-Herrscher"
Thiazi   – Variante des Namens „Tyr"
Njörd   – „der Starke", „Männerfürst", das Schuh/Fuß-Motiv des Sonnengottes
Odin   – der Göttervater zur Zeit der Edda
Hadding – Saga-Variante des Tyr
Säming   – Stammvater der norwegischen Könige

Skadi ist offenbar die „ewige Mutter" der norwegischen Könige im Jenseits gewesen.
Solche Göttinnen, mit denen sich die Könige auf ihrer Jenseitsreise im Krönungs-Ritual im Jenseits vereinen, finden sich bei vielen indogermanischen Völkern. Besonders ausgeprägt und gut überliefert ist sie bei den Kelten (Iren), in deren Krönungs-Zeremonie sich diese Symbolik bis ca. 1600 n.Chr. gehalten hat.
Die Jenseitsreise der Könige bei ihrer Krönung entspricht von ihrem Ablauf her den Jenseitsreisen der Schamanen und geht letztlich auf die Vorstellung über das Schicksal der Menschen nach ihrem Tod zurück.
Als Mutter der norwegischen Könige ist Skadi auch die Mutter bzw. Geliebte des germanischen Göttervaters, der zyklisch starb und wiedergeboren wurde.

> Skadi ist als Erd- und Jenseitsgöttin die Frau, d.h. die Wiederzeugungs-Geliebte und die Wiedergeburts-Mutter des Tyr-Thiazi sowie wohl auch von dessen Vater Tyr-Ölvaldi, weiterhin wollte sie die Frau des Tyr-Nachfolgers Baldur werden, nahm den Tyr-Njörd als Mann und nach ihm den neuen Göttervater und Tyr-Nachfolger

> Odin.
> Niörd ist hier deutlich als Tyr-Gott erkennbar.

I 10. ag) Lied des Thordr Sjarek-Sohn

So sagt Thordr Sjarek-Sohn:

*Gudrun tötete bösartig
selber ihre Söhne.
Die weise Gottes-Braut
an der Seite des Wanen trauerte.*

*Die Männer sagen,
daß Odin gut Pferde zähmen konnte.
Es ist keine Redensart,
daß Hamdir mit dem Schwertspiel sparte.*

   Hier wird berichtet, daß Skadi (Gottes-Braut) *Njörd* (Wane) *verließ, wie bereits geschrieben worden ist.*

   Schwerspiel = Kampf; Hamdir sparte nicht mit dem Schwert-Spiel = Hamdir war Kampf-begierig

> Skadi hat Niörd verlassen.

I 10. ah) Haleygjatal

   In diesem Lied wird Skadi mit „Jarnvidja", also mit „Eisenwald-Frau" umschrieben, womit „Riesin im Jenseits" gemeint ist.

Und über den von den Skalden Verehrten (König Saemingr)*:
Den Tributzahlungs-Erhalter* (König Saemingr) *gebar
dem Asen-Sohn* (Odin)
die Eisenwald-Frau (Skadi),

*als das glanzvolle Paar
in Menschen-Heim,
der Krieger-Freund
und Skadi, wohnten.*

Die See-Knochen (Felsland am Meer = Skandinavien (Land der Skadi) = Schweden)
*und viele Söhne
die Schneeschuh-Dise* (Skadi)
dem Odin gab,

*die damals an dem fernsten Ort
des Gegners des Edlen* (norwegischer König),
des Feindes des Belis (Freyr)
wohnen wollte (Skadi-Njörd-Saga).

In Kenning-freiem Prosa wird hier das folgende gesagt: *„Skadi gebar dem Odin den König Sämingr, als das Paar, der Krieger und Skadi, in Midgard lebte. Skadi gab dem Odin Schweden und viele Söhne, die in Schweden wohnten.*

> Skadi ist die Landesgöttin. Durch die Vereinigung mit ihr wurde ein Mann zum König. Dies ist eine Weiterentwicklung des Jenseitsreise-Motivs, das letztlich aus den Mythen des Sonnengott-Göttervaters Tyr stammt. Niörd ist einer der Männer der Skadi und folglich ein Tyr-Gott.

I 10. ai) Gesta danorum

Der Mönch Saxo der Schriftkundige hat dieses Mythen-Thema in die Sage übertragen.

Hadding („Langhaar") ist eine der vielen Saga-Varianten des ehemaligen Sonnengott-Göttervaters Tyr.

*Hadding:
„Warum verharre ich in diesem finsteren Versteck, in den Falten der zerklüfteten Hügeln und fahre nicht mehr zur See wie früher?
Das ständige Heulen der Wolfsrudel und die klagenden Schreie der Raubtiere, die zum Himmel aufsteigen, und die fürchterlichen unruhigen Löwen rauben mir alle meinen Schlaf. Übel sind die Berghänge und die Einöden für die Herzen, die wildere*

Arbeit zu tun gewöhnt waren. Die nackten Felsen und das zerklüftete Land versperren den Geistern, die das Meer lieben, den Weg.

Es wäre ein besseres Leben, die Meerengen zu durchrudern, in geraubten Gütern zu schwelgen, das Gold der anderen für meine Truhe zu holen, mich über die zur See erlangten Schätze zu ergötzen – als in rauhen Ländern und endlosen Wäldern und öden Ebenen zu wohnen."

Da sagte ihm seine Frau, die das Leben auf dem Land liebte und die die Meer-Gesänge der Seevögel leid war, mit den folgenden Versen, welch große Freude ihr die Wanderungen durch das Waldland bereiteten:

„Die schrillen Vogelschreie stören mich, wenn ich an der Küste bin und ihr Geschwätz ärgert mich so sehr, daß ich nicht schlafen kann. Der laute Lärm ihres geschäftigen Treibens raubt meinen schlafenden Augen die sanfte Ruhe – die lautschreiende Seemöwe erträgt es nicht, mich in der Nacht schlafen zu lassen und zwingt meinen zarten Ohren ihre ermüdende Geschichte auf. Wenn ich mich niederlege, erträgt sie es nicht, daß ich mich erfrische und lärmt mit der klagenden Melodie ihrer Unheil-verkündenen Stimme.
Sicherer und süßer erscheinen mir die Freuden der Wälder.
Wo könnten die Früchte der Ruhe am Tag und in der Nacht noch weniger leicht zu ernten sein als wenn man bei der ruhelosen, endlos bewegten See verharrt?"

Der Wohnort-Streit zwischen Niörd und Skadi ist auch zu einem Saga-Motiv geworden. Der Mann in der Saga ist Hadding, eine der vielen Saga-Varianten des ehemaligen Sonnengott-Göttervaters Tyr.

I 10. aj) Gylfis Vision

Nun beginnt ein neuer Abschnitt in den Mythen des Njörd, in der er vor allem als Vater erscheint. Diese Mythe ist schon in dem Kapitel über Gymir besprochen worden.

Gymir hieß ein Mann, und seine Frau Aurboda; sie war Bergriesengeschlechtes. Deren Tochter ist Gerd, die schönste aller Frauen.
Eines Tages war Freyr auf Hlidskialf gegangen und sah über alle Welten.
Als er nach Norden blickte, sah er in einem Gehege ein großes und schönes Haus. Zu diesem Hause ging ein Mädchen, und als sie die Hände erhob, um die Türe zu öffnen, da leuchteten von ihren Händen Luft und Wasser, und alle Welten strahlten

von ihr wieder.

Und so rächte sich seine Vermessenheit an ihm, sich an diese heilige Stätte zu setzen, daß er harmvoll hinwegging.

Und als er heim kam, sprach er nicht, auch mochte er weder schlafen noch trinken und niemand wagte es, das Wort an ihn zu richten.

Da ließ Niörd den Skirnir, Freyrs Diener, zu sich rufen und bat ihn, zu Freyr zu gehen, mit ihm zu reden und zu fragen, warum er so zornig sei, daß er mit niemand reden wolle. Skirnir sagte, er wolle gehen, aber ungern, denn er versehe sich übler Antwort von ihm.

Die Reise des Skirnir zu Gerdr ist eine Variante der Reise des Tyr zu der Jenseitsgöttin und die Heirat des Freyr mit Gerdr entspricht der rekonstruierten Vereinigung des Tyr-Thiazi mit Skadi, des Niörd mit Skadi sowie des Odin mit Skadi.

Man kann davon ausgehen, daß die beiden Riesinnen Skadi und Gerdr letztlich miteinander identisch sind, da beide die Stammmütter von skandinavischen Königshäusern sind: Von Skadi und Odin stammen die norwegischen Könige ab und von Gerdr und Freyr die schwedischen Könige. Entsprechend stammen die dänischen Könige von Odin und Gefion ab.

Freyr wurde mit Yngvi, dem Sohn des Odin und der Skadi, identifiziert, was zeigt, daß der Göttervater Odin und der Gott Njörd sich recht ähnlich gewesen sein müssen. Dies bestätigt die Deutung des Njörd als eines Gottes, der aus einem Aspekt des früheren Göttervaters Tyr heraus entstanden ist.

Der Ursprung des Stammbaumes der skandinavischen Königshäuser sieht wie folgt aus:

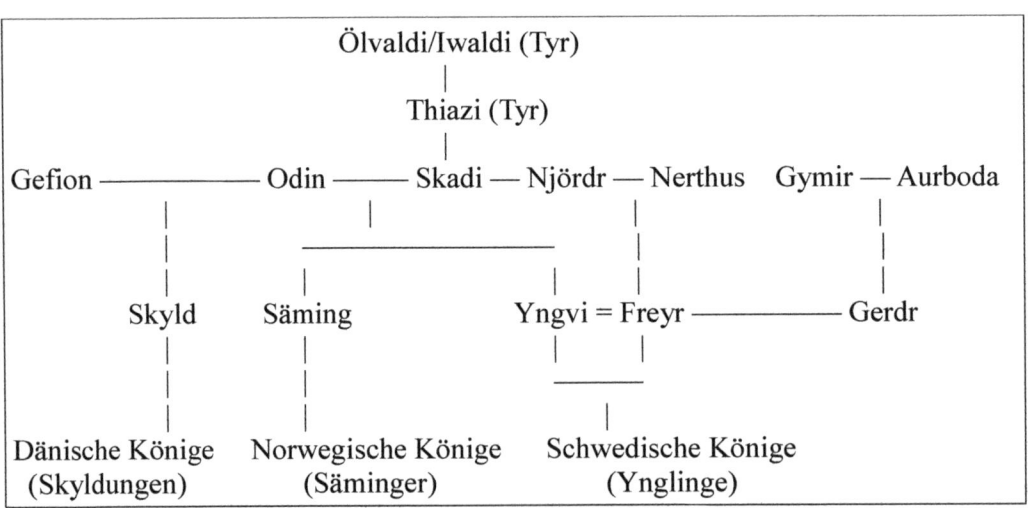

> Niörd ist eine Variante des Thiazi, also des Tyr als Riese in der Unterwelt.
> Er ist über Freyr der Ahnherr der schwedischen Könige, was zeigt, daß er der Göttervater, d.h. Tyr gewesen sein muß, da die Könige stets die Nachkommen des Göttervaters sind.

I 10. ak) Skirnir-Lied

Die Szene, in der Freyr von Odins Thron aus die Riesin Gerdr erblickt, wird auch in der Einleitung des Skirnir-Liedes geschildert:

Freyr, der Sohn des Njörd, hatte sich einst auf Hlidskialf gesetzt und überschaute die Welten alle. Da sah er nach Jötunheim und sah eine schöne Jungfrau aus ihres Vaters Haus in ihre Frauenkammer gehen. Daraus erwuchs ihm große Gemütskrankheit.
Skirnir hieß Freyrs Diener. Niordr bat ihn, Freyr zum Reden zu bringen.

Das Motiv des Thrones, von dem aus man die ganze Welt und insbesondere auch das Jenseits, in dem sich Gerdr als Riesin befindet, sehen kann, stammt von den Hochsitzen der Seher, Seherinnen und Fürsten. Dieser Sitz ist wiederum identisch mit dem Fell des Opfertieres, in das man die Toten bei der Bestattung und die Jenseitsreisenden im Ritual wickelte. Das Ritual, bei dem man sich (meist auf einem Hügelgrab) auf ein solches Fell setzte und die Ahnen herbeirief, nannte man „Uti-seta", d.h. „Draußensitzen".

Die Szene, in der Freyr die Gerdr erblickt, wird vermutlich aus dem Krönungsritual der Könige stammen, die in dieser Zeremonie in ihrer Vision ins Jenseits reisten und dort die Jenseitsgöttin sahen, mit der sie sich dann in ihrer Vision vereinten. Diese Vereinigung wurde z.T. bei der Krönung und bei der Bestattung eines Königs auch rituell durchgeführt.

> Niörd ist der Vater des Freyr.

I 10. al) Skirnir-Lied

In den Versen, in denen die Reise des Skirnir zu Gerdr und seine Verhandlung mit ihr beschrieben wird, wird Freyr mehrfach „Njörds Sohn" genannt:

Skirnir (zu Gerdr)*:*
„Meiner Werbung Erfolg wüßt ich gern gesichert
Eh ich mich hinnen hebe.
Wann meinst Du in Minne dem männlichen Sohn
Des Niörd zu nahen?"

Gerd:
„Barri heißt, den wir beide wissen,
Stiller Wege Wald:
Nach neun Nächten will Niörds Sohne da
Gerd Freude gönnen."

Da ritt Skirnir heim. Freyr stand draußen, grüßte ihn und frug danach, wie es ihm ergangen sei:

„Sage mir, Skirnir, eh' Du den Sattel abwirfst
Oder vorrückst den Fuß,
Was Du ausgerichtet hast in Riesenheim
Nach meiner Meinung und Deiner."

Skirnir:
„Barri heißt, den wir beide wissen,
Stiller Wege Wald:
Nach neun Nächten will Niörds Sohne da
Gerd Freude gönnen."

Niörd ist der Vater des Freyr.

I 10. am)   Die ältere Huldar-Saga

Auch nach der Übertragung des Wanen-Stammbaumes in die Saga blieb Njörd der Vater des Freyr:

Während Godhjalti Drontheim beherrschte, regierte Freyr als Nachfolger seines Vaters Njörðr in Schweden. Gerdr Loga-Tochter aber war damals schon erwachsen.

Niörd ist der Vater des Freyr.

I 10. an) Ynglinga-Saga

In diesem mythologisch-historischen Bericht wird berichtet, daß Njörd der König aller Schweden wurde – was der damaligen Auffassung entspricht, daß die skandinavischen Könige von den Asen abstammen.

Diese Stammbäume wurden letztlich alle auf den Göttervater Odin zurückgeführt. Die Vorstellung des Njörd als Göttervater muß recht ausgeprägt gewesen sein, da sonst einfach der Odins-Sohn Yngvi zum Ahnherrn der schwedischen Könige geworden wäre – so aber mußte Yngvi mit dem Njörd-Sohn Freyr gleichgesetzt werden, um zu erreichen, daß Odin als der Vater der schwedischen Könige angesehen werden konnte.

Njörd von Noatun wurde zum König aller Schweden und führte die Opfer fort und wurde von den Schweden „Drot" oder „Herrscher" genannt und erhielt Opfergaben und Geschenke von ihnen.

Zu seinen Tagen gab es alles in Fülle und Überfluß und es waren in jeder Hinsicht so gute Jahre, daß die Schweden glaubten, daß Njörd das Gedeihen im Jahreslauf und über den Wohlstand der Menschen bewirken würde.

Zu dieser Zeit starben die Götter (die hier als Könige der Vorzeit angesehen werden). Ihnen wurden Blut-Opfer dargebracht. Njörd starb in seinem Bett an einer Krankheit und bevor er starb, ließ er sich selber mit einer Speerspitze für Odin kennzeichnen.

Die Schweden verbrannten ihn und weinten über seinem Hügelgrab.

Das Kennzeichnen mit dem Speer findet sich auch in Odins Bericht über seine eigene Einweihung im „Havamal": *„Ich weiß, daß ich hing am windigen Baum neun lange Nächte, vom Speer verwundet, dem Odin geweiht, ich selber mir selbst, am Ast des Baums, dem man nicht anseh'n kann, aus welcher Wurzel er sproß."*

Dieses Ritual kurz vor dem Tod, das der christlichen „letzten Salbung" entspricht, stellte symbolisch-magisch sicher, daß der Sterbende „im Kampf gefallen" war und daher nicht in die Hel, sondern in den Himmel nach Walhalla kam – schließlich nahm Odin nur die in der Schlacht gestorbenen Krieger auf.

Niörd wurde auch als König der Schweden angesehen – was nur möglich ist, wenn er der Göttervater, d.h. eine Variante des Tyr gewesen ist. Er wurde „Herrscher" genannt und ihm wurde geopfert.

Niörd ist der Gott der guten Ernten, des Wohlstandes und der Fülle.

Niörd starb (in der seiner Deutung als König) an einer Krankheit und wurde kurz zuvor mit einem Speer dem Odin geweiht. Sein Leichnam wurde verbrannt und über seiner Asche wurde ein Hügelgrab errichtet.

I 10. ao) Die Saga über König Hakon den Guten

Auch nach dem Tod des Njörd hatte er noch einen Einfluß auf die Schweden, wobei er wieder deutlicher als Gott oder zumindestens als ein um Hilfe angerufener Ahn erscheint.

Die Umdeutung der Götter in Könige der Frühzeit ist in Skandinavien erst ab ca. 1100 n.Chr. unter dem Einfluß der christlichen Mönche entstanden, die diese Auffassung vertraten. Daher stellt der folgende Text eine ursprünglichere Form der Beschreibung des Njörd dar als die vorige Erzählung über den als einen irdischen König aufgefaßten Njörd.

Sigurd, Jarl (Graf) von Hlader, war einer der größten Männer, was die Opferungen angeht, und so war auch sein Vater Hakon gewesen. Und Sigurd leitete im Auftrag der Könige alle Opferfeste in der Grafschaft Throndheim.

Es war ein alter Brauch, daß dann, wenn ein Opfer anstand, alle, die zur Grafschaft gehörten, zu dem Ort kamen, an dem der Tempel stand und alles mitbrachten, was sie benötigten, solange das Opferfest dauerte.

Zu diesem Fest brachten die Männer Bier mit; und alle Arten von Vieh und auch Pferde wurden geschlachtet und das ganze Blut, das von ihnen kam, wurde „Hlaut" genannt, und die Gefäße, in denen es gesammelt wurde, nannte man „Hlaut-Bolli". Es wurden „Hlaut-Stäbe" angefertigt, die Bürsten zum Versprenkeln waren, und mit ihnen wurden die Altäre und die Tempelwände sowohl innen als auch außen mit Blut besprenkelt und auch die Menschen selber wurden mit Blut besprenkelt; das Fleisch wurde jedoch zu schmackhafter Speise für die, die bei dem Fest waren, gekocht.

Das Feuer war in der Mitte des Tempels und über ihm hingen die Kessel und die vollen Kelche wurden über das Feuer hinübergereicht; und der, der ein Fest ausrichtete und der Leiter war, der segnete die gefüllten Kelche und die Opfer.

Und als erstes wurde Odins Kelch für den Sieg und die Macht des Königs geleert; danach Njörds und Freyas Kelche für Frieden und ein ertragreiches Jahr. Danach war es bei vielen üblich, den „Braga-Full" zu leeren; und dann leerten die Gäste einen Kelch im Gedenken an Freunde, die in der Ferne waren und nannten dies den Erinnerungs-Kelch.

Das Wort „Hlaut" war die Bezeichnung für das Blut der Opfertiere. Dieses Wort stammt von germanisch „hlautaz" ab, das „Zeichen, Orakelspruch, Urteil, Schicksal" bedeutete.

Die indogermanische Wurzel „hleudh" dieses Wortes bedeutet primär „wachsen, gedeihen" und davon abgeleitet auch „Leute, Freie (Menschen), Kinder".

Ein „Hlaut" sollte daher etwas sein, was „für die Leute" ist – eben die durch das Blut auf die Menschen übertragene Lebenskraft der Opfertiere. Und ein „Hlaut" ist offenbar auch etwas, das ein Zeichen der Götter ist oder ein Zeichen der Götter übermitteln kann – am bekanntesten ist in diesem Zusammenhang das Orakel der Eingeweideschau der Opfertiere.

Bei den Indogermanen bedeutete der Begriff, der im Altnordischen schließlich zu „Hlaut" wurde, noch die Gemeinschaft der freien Menschen, die sich u.a. zu Ritualen trafen. Bei den Germanen wurde dieser Begriff zu einer Bezeichnung des Opferrituales, das mit Orakeln und Urteilen in Streitfällen verbunden war. Im Altnordischen wurde „Hlaut" schließlich zu einer Bezeichnung für das Opferblut. Wie das Wort „Leute" zeigt, ist die ursprüngliche indogermanische Bedeutung aber immer erhalten geblieben. Somit wird „Hlaut" auch im Altnordischen die folgende Gesamtbedeutung gehabt haben: „Opferblut bei dem Ritual, an dem sich alle Freien treffen und mit diesem Blut geweiht werden und bei dem auch Orakel verkündet und Recht gesprochen wird".

Es gab zwei wichtige mit „Hlaut" zusammengesetzte Fachbegriffe bei den Opferungen: den „Hlaut-bolli" (Opfer-Kessel, in dem das Blut gesammelt wird) und den „Hlaut-vidr" („Pinsel"-Stab, mit dem man das Blut versprenkelte).

*Trink-Ritual
Runenstein aus Gotland*

Trinkrituale waren bei allen indogermanischen Völkern weit verbreitet.

Der „Bragafull" ist ein Kelch mit Bier oder Met, vor dessen Trinken Eide abgelegt wurden. Das Wort „Braga" wird sicherlich mit Bragi, dem Gott der Dichtkunst assoziiert worden sein. Es leitet sich jedoch nicht von dem Dichtergott ab, sondern von dem germanischen Wort „bragna", das „Gehirn, Schädel" bedeutet.

Da es bis in das frühe Mittelalter hinein den weitverbreiteten Brauch gab, aus den Schädelschalen von Verstorbenen zu trinken, um deren Segen zu erhalten, wird sich der Bragaful ursprünglich das Trinken aus solchen Schädelschalen gewesen sein. Diesen Brauch, der sich bis in die Altsteinzeit zurückverfolgen läßt, gab es auch in der christlichen Kirche, in der die Schädelschalen etlicher Heiliger dazu benutzt wurden, um deren Segen zu erhalten.

Später wurde diese Sitte dann zunehmend abgelehnt und in den Sagen als Rachemotiv gedeutet – wie z.B. die beiden von Wieland dem Schmied angefertigten Schädelschalen aus den Köpfen der beiden Söhne des Königs Nidud. Für den König war es jedoch völlig unverdächtig und normal, von Wieland zwei in Silber gefaßte Schädelschalen zu erhalten.

Das Ablegen von Eiden beim Trinken aus dem Braga, also aus den Schädelschalen ist insofern plausibel, als das man dadurch für das, was man zu tun schwor, die Unterstützung des Ahnen erhielt, aus dessen Schädel man dabei trank.

> Es wurde im Ritual Met aus Kelchen getrunken, der dem Niörd und seiner Tochter Freya geweiht war. Durch diesen Trank bat man um gute Ernten und um Frieden.
> Möglicherweise steht hier irrtümlicherweise „Freya" statt „Freyr", da ansonsten Niörd und Freyr als die Götter des Wohlstandes angesehen worden sind.

I 10. ap) Hauksbok

In dieser Saga-Sammlung findet sich in dem „Landnamabok", d.h. in dem „Buch der Landnahme (in Island)", eine Formel für einen Eid, der auf einen Tempel-Ring abgelegt wurde. In dieser Formel wird auch Njörd angerufen.

Die Worte dieses Schwures lauten:

„Mögen Freyr und Njörd und der allmächtige Ase mir helfen!"

Eide auf Ringe waren ein weitverbreiteter Brauch bei den Germanen. Besonders gut sind sie im Zusammenhang mit Ullr bekannt, da man sie zum einen in seinem Tempel in Lilla Ullevi gefunden hat und über Ullr-Ring-Eide auch im Atli-Lied aus der Edda berichtet wird.

Der allmächtige Ase ist offenbar derselbe wie Ölvaldi/Ivaldi, denn „allmattki Ass" sind nur andere Worte für genaudieselbe Aussage. Welcher „Göttervater" nun konkret mit „allmächtiger Ase" gemeint ist, ist hingegen nicht so sicher. Auf Island war zu dieser Zeit Thor der mit großem Abstand wichtigste Gott; Odin war hingegen der eigentliche Göttervater; Ullr ist als Gott der Eid-Ring am bekanntesten und ist vermutlich aus einem Beinamen des Göttervaters in der Unterwelt entstanden; und schließlich ist Tyr der ursprüngliche Göttervater gewesen.

Es wäre auch durchaus denkbar, daß „allmächtiger Ase" an dieser Stelle auch gar keine Umschreibung eines anderen konkreten Gottes ist, sondern eben einfach „Göttervater" bedeutet – egal, ob er nun Tyr, Ullr, Odin, Thor, Heimdall, Thiazi oder noch anders heißt. Dieser Eid wendet sich offensichtlich an die friedliche, konstruktive Seite der Götter, deren wichtigste Vertreter Njörd und Freyr sind. Ein ähnlich friedlicher Asen-Göttervater wäre noch am ehesten Heimdall.

Der wesentliche Punkt, den diese Eidformel jedoch deutlich macht, ist, daß Njörd auch als ein Gott der Gerechtigkeit angesehen wurde, was nicht nur bei den Indogermanen eine Aufgabe des Sonnengott-Göttervaters war.

Niörd wurden beim Ringeid als einer von drei Göttern angerufen, was zeigt, daß er ein sehr wichtiger Gott und ein Gott der Erhaltung der Richtigkeit und des Rechtes gewesen sein muß – was seine Gleichsetzung mit Tyr im Jenseits noch einmal bestätigt.

I 10. aq) Die Saga über Hallfredr Ärger-Skalde

In diesem Lied wird indirekt gesagt, daß Hallfredr einst Niörd und seine beiden Kinder Freyr und Freya sowie Odin („Grimnir") und Thor verehrt und um Hilfe gebeten hat.

Gegen mich werden Freyr und Freya
– letztes Jahr habe ich Njörds Betrug an mir beendet;
sollen doch die Teufel Grimnir um Gnade bitten! –
wütend sein und ebenso der mächtige Thor.
Nur von Christus werde ich Gnade erbitten.

Niörd, Freyr, Freya, Odin und Thor konnten anscheinend die Gesamtheit der germanischen Götter symbolisieren.

I 10. ar) Wafthrudnir-Lied

In diesem Lied wird u.a. auch über Njörds Schicksal nach dem Ragnarök berichtet: Es scheint so, als ob er nach dieser Schlacht, die u.a. den Anbruch des Winters symbolisiert, nach Wanen-Heim zurückkehrt und dort überlebt. Hier wird auch gesagt, daß es Tempel des Njörd gab.
Ein „Hof" ist ein Tempel.

Gangrad (Odin):
„Sag mir zum zehnten, wenn der Götter Zeugung
Du weißt, Wafthrudnir,
Wie kam Niörd aus Noatun
Unter die Asensöhne?
Höfen und Heiligtümern hundert gebietet er
Und ist nicht asischen Ursprungs."

Wafthrudnir (Riese):
„In Wanaheim schufen ihn weise Mächte
Und gaben ihn Göttern zur Geisel.
Am Ende der Zeiten soll er aber kehren
Zu den weisen Wanen."

> Niörd hat „hundert" Tempel, d.h. er ist ein wichtiger Gott gewesen.
> Niörd ist ein Wane. Er lebte jedoch als Geisel bei den Asen. Er soll am „Ende der Zeiten" zu den Wanen zurückkehren, was vermutlich eine Übertragung des Jahreszeiten-Zyklus auf die Asen und Wanen ist.

I 10. as) Saturn

In einigen altnordischen Übersetzungen von lateinischen Texten wird „Saturn" mit „Njörd" übersetzt, was bedeutet, daß die Germanen diese beiden Gottheiten als ähnlich empfanden.

Saturn ist ein Gott der Fülle und der Aussaat, der zu der „alten Göttergeneration" gehörte, die schon vor den „jungen Göttern", die von seinem Sohn Jupiter angeführt wurden, lebte. Er entspricht dem Kronos der Griechen, der der Vater des Zeus ist.

Saturn/Kronos entspricht wiederum dem alten Tyr in der Unterwelt (Thiazi, Geirröd, Thrym, Hrungnir, Hymir, Niörd usw.), während Jupiter/Zeus dem jungen Tyr im Diesseits entspricht (Tyr, später auch Freyr, Baldur und Thor).

Auch Njörd war wie Saturn ein Gott reicher Ernten (und somit auch einer gesegneten Aussaat) und der Fülle.

> Njörd als der „alte Tyr im Jenseits", der der Vater des „jungen Tyr im Diesseits" ist, entspricht bei den Römern dem Saturn und bei den Griechen dem Kronos.

I 10. at) Brauchtum

Die Verehrung des Njörd als eines Meeresgottes hielt sich bis um 1850 n.Chr. in den norwegischen Volksbräuchen.

Es ist folgende Dankesformel für einen erfolgreichen Fischfang überliefert worden:
„Dank sei ihm, dem Njor, für dieses Mal."

> Dem Niörd ist noch um 1850 n.Chr. in Norwegen für einen reichen Fischfang gedankt worden.

I 10. au) Sonnenlied

Njörd als Gott des Meeres wurde auch mit dem Meeres-Riesen Ägir gleichgesetzt, wie die Erwähnung von neun Töchtern des Njörd statt des Ägir und der Ran zeigt.

Das sind die Runen, die da ritzten
Niörds neun Töchter,
Radwör die älteste und Kreppwör die jüngste,
Mit ihren sieben Schwestern.

> Niörd wurde dem Ägir gleichgesetzt. Daher konnte auch er der Vater der neun Töchter, d.h. der Vater der Jenseitsgöttin sein.

I 10. av) Ortsnamen

Ortsnamen, die mit dem Namen des Gottes Njörd gebildet worden sind, finden sich vor allem im Osten von Schweden und Norwegen und zum Teil auch an der westnorwegischen Küste. Dies bedeutet, daß Njörd an manchen Orten entweder der wichtigste Gott gewesen ist oder daß dort ein Njörd-Tempel gestanden hat.

Ortsnamen mit „Njörd"			
Ortsname	*heutiger Ortsname*	*Bedeutung*	*Land*
Nördhöwi	Nalavi	Hof/Tempel des Njörd	Schweden
Njördhavi	Mjärdevi	Hafen des Njörd	
Nördhölunda	Närlunda	Hain des Njörd	
Nierdhatunum	Närtuna	Ort des Njörd	
Njardvik		Bucht des Njörd	Island
Njardarlög		Thingplatz (wörtlich „Gesetz")	Norwegen
Njardey	Näröy	Insel des Njörd	

> Die mit „Niörd" gebildeten Ortsnamen zeigen, daß es Tempel, Haine, Thingplätze und Orte des Njörd gegeben hat – wie dies auch in der germanischen Überlieferung berichtet wird.

I 10. aw) Tacitus

Der Name der Göttin Nerthus, die in dem um ca. 100 n.Chr. verfaßten Bericht des Tacitus über die Germanen beschrieben wird, ist vermutlich mit dem Namen des Niörd verwandt. Sie könnte seine Schwester und somit die Mutter des Freyr und der Freya sein, die in der germanischen Überlieferung immer nur „Niörds Schwester" genannt, aber nirgendwo mit ihrem eigenen Namen bezeichnet wird.
Der Text, in dem die Göttin Nerthus dargestellt wird, lautet:

Die Langobarden dagegen adelt ihre kleine Zahl: von recht vielen und gar starken Nationen umschlossen, sind sie nicht durch Unterwürfigkeit geschützt, sondern durch Schlachten und durch das Bestehen der Gefahren. Auf sie folgen die Reudinger und die Avionen, die Anglier und Variner, die Eudosen, Suardonen und Nuitonen – sie sind alle durch Flüsse und Wälder geschützt.

Nichts ist bemerkenswert an all den Einzelnen, als daß sie vereint die Nerthus verehren, d.h. die Mutter Erde, des Glaubens, daß diese eingreife in der Menschen Leben und in der Völker Mitte fahre.

Auf einer Insel im Ozean steht der heilige Hain, der „der Reine" genannt wird; in ihm befindet sich ein der Göttin geweihter, mit einem Tuch bedeckter Wagen, den zu berühren nur dem Priester gestattet ist.

Dieser erkennt genau, wenn die Göttin im Heiligtum gegenwärtig ist, und beobachtet die Bewegungen des Wagens, der stets von Kühen im Joch gezogen wird, mit tiefer Verehrung.

Darauf folgen stets Tage der Freude, und an jeglichen Orten, an denen sie sich niederläßt und die sie mit ihrem Besuch und ihrer Gegenwart ehrt, werden Feste gefeiert und alle Arbeit ruht.

Sie beginnen keine Kriege, sie berühren keine Waffen; fest verschlossen ist jedes feindliche Eisen; dann sind nur Friede und Ruhe bekannt und überall geliebt, bis derselbe Priester die Göttin, wenn sie des Umgangs mit den Sterblichen satt ist, wieder zurückbegleitet.

Hierauf wird der Wagen in dem geheimen Teich gereinigt, und auch die Tücher und sogar die Gottheit selber, wenn Du dies glauben willst.

Diesen Dienst führen Sklaven durch und sie sind dazu bestimmt, sofort ebenfalls von dem See verschlungen zu werden. Daher werden alle Menschen von einem geheimnisvollen Schauer erfaßt und ebenso von einer heiligen Unwissenheit über das, was niemand sieht außer denen, die sofort danach sterben müssen.

> Nerthus könnte die Schwester des Niörd und somit auch die Mutter des Freyr und der Freya sein.

I 10. ax) Gylfis Vision

In „Gylfis Vision" wird beschrieben, wie Baldur mit einer Feuerbestattung ins Jenseits gesandt wird. In diesem Zusammenhang wird die Göttin Nanna („Mutter"), Baldurs Frau, „Neps Tochter" genannt.

Da wurde Baldurs Leiche hinaus auf das Schiff getragen und als sein Weib Nanna, Neps Tochter, das sah, da zersprang sie vor Jammer und starb.

Der Vater der Göttin Nanna heißt in der Edda Nep, Nepr und Nökkvi. Alle drei Namen sind mit Neptun und Nöck sowie Nixe, Nymphe, Nereide u.ä. Namen verwandt und bedeuten „der im Wasser".

Da Nepr mit Njörd oder Ägir identisch ist, ist auch Nanna eine Variante der Skadi und der Gerdr.

> Niörd ist mit Nepr und Nökkvi und daher auch Ägir, Gymir und Hler identisch.

I 10. ay) Die Saga über Bosi und Herraud

In dieser Saga tritt eine Tochter des Königs „Agnar von Noatun" auf. Dieser König könnte aus einer Vermischung des Meeres-Riesen Ägir mit dem Gott Njörd, der in Noatun wohnt, sein. Diese Annahme eines mythologischen Ursprungs wird dadurch bestätigt, daß die Königstochter den Walküren-Namen „Brünhild" trägt und gegen einen Wikinger kämpft.

Der Mann hieß Thvari und wurde „Bryn-Thvari" genannt („Brünnen-Thvari"). Er lebte nicht weit von der Halle des Königs entfernt. Er war früher in seinem Leben ein großer Wikinger gewesen und als er auf Raubfahrt gewesen war, hatte er eine Schild-

maid getroffen, die Brynhild („Brünnen-Kampf") genannt wurde. Sie war die Tochter des Königs Agnar von Noatun. Sie kämpften miteinander und Brynhild wurde so sehr verwundet, daß sie nicht mehr kämpfen konnte.

Thvari nahm sie zu sich in Pflege und er nahm auch viel von ihrem Besitz an sich. Er pflegte sie wieder gesund, aber danach war sie krumm und verbogen und wurde deshalb Brynhild die Krumme genannt.

Thvari heiratete sie und sie saß mit Helm und Brünne neben ihm auf der Hochzeitsbank – und sie liebten sich beide sehr.

> Einzelne Elemente der Niörd-Mythe wurden auch in die Sagas eingebaut – wie z.B sein Wohnort „Noatun".

I 10. az) Kenningar

Der Name des Gottes Niörd wurde in vielen Kenningarn verwendet. In ihnen wird die Darstellung des Njörd als glückbringender Reichtums- und Meeres-Gott bestätigt.

Ase	Njördr		Snorri Sturluson	Thulur
				Hattatal
			anonym	Gydingsvisur
			Kalfr Hall-Sohn	Katrinardrapa
			Arnorr Jarl-Skalde Thordar-Sohn	Rögnvaldsdrapa
			Einarr Skularson	Oxarflokkr
			Eyolfr der tatkräftige Skalde	Bandadrapa
			Einarr Klingel-Waage Helga-Sohn	Vellekla
			Eyvindr Skalden-Verderber Finn-Sohn	Lausavisur
			Guthorm der Dunkle	Hakonardrapa
			Hallar-Steinn	Rekstefja
			Leidolfr der Skalde	Bruchstücke
			Halli der Dünne	Lausavisur
			Thordr Särek-Sohn	Thoralfs Drapa
			Einarr Skula-Sohn	Geisli
			Rögnvald-Jarl und Hallr Thorarin-Sohn	Hattalykill

Ase	Njördr		Thjodolfr Arnor-Sohn	Lausavisur
			Sigvatr Thordar-Sohn	Lausavisur
				Erfidrapa Olafs des Heiligen
				Vikingarvisur
			anonym	Brudkaupsvisur
				Olafsdrapa
Ase	Sökk-Njörd	Sökk: Wasserunterwelt	Asgrimr Jon-Sohn	Lausavisur
Freyr	mannhafter Sohn des Niörd		anonym	Skirnirs Fahrt
Freya	Niörds Tochter		anonym	Thrym-Lied
König	Niörd		Snorri Sturluson	Hattatal (2x)
Männer (reich)	wahre Njörde des Goldes		anonym	Olafs Drapa Tryggvasonar
Mann (reich)	Njörd der Sonne der Sunde	Njörd = Ase = Mann; Sund = Meerenge; Sonne der Sunde = Gold	anonym	Brudkaupsvisur
Mann (reich)	Njörd des Feuers des Armes	Njörd = Gott; Feuer des Armes = Armreif	anonym	Placitusdrapa
Mann (reich)	Njörd der Schlangen des Unterarmes	Schlange des Unterarms = Armreif	Eyvindr Skalden-Verderber Finnsson	Haleygjatal
Mann (reich)	Njörd des Feuers der ...(Lücke)...		Hallar-Steinn	Rekstefja
Mann (reich)	ehrenhafter Njörd der Ringe		Sturla Thordarson	Hrafnsmal
Mann	Glücks-Njörd	Njörd = Ase = Mann	anonym	Brudkaupsvisur
Seemann	schützender Njörd des Rollen-Pferdes		Eyolfr Taten-Skalde	Bandadrapa
Krieger	edler Njörd des Krachens der dunklen Speer-Spitzen		anonym	Gydingsvisur
Krieger	Kriegs-schnelle Schlachten-Njörd		Arnorr Jarl-Skalde Thordarson	Rögnvaldsdrapa

Krieger	*Wächter-Njörd der Speer-Planke mit guter Abstammung*	Speer-Planke = Schild		Einarr Schreihals Helgason	Vellekla
Krieger	*Wächter-Njörd*			Einarr Schreihals Helgason	Vellekla
Krieger	*mit Waffen verwundender Njörd des weiten Landes der Buchten der Schlachten-Flamme*	Schlacht-Flamme = Schwert; dessen Bucht = Wunde		Guthorm der Schwarze	Hakonardrapa
Krieger	*allmächtiger Njörd der Schlacht*			Thordr Säreksson	Thoralfs Drapa Skolmssonar
Gold	*Njörd*	Njörd (Meeresriese) + Sonnengott Tyr = Sonne im Meer		anonym	Brudkaupsvisur
Gold	*Edelstein-Kind der Tochter des Njörd*	Tochter des Njörd = Freya; ihr Edelstein-Kind = Brisingamen = Gold		Snorri Sturluson	Skaldskaparmal
Schwamm	*Njörds Handschuh*	Name einer Art von Schwamm		-	-

Niörd ist der Gott des Wohlstandes.

I 10. ba)   Zusammenfassung

- Der Name „Niörd" -

Der Name des „Njörd" bedeutet wahrscheinlich „der Starke" oder „der in der Unterwelt". Sein Name wird „Niörd", „Njörd", „Niard" und „Nirdir" geschrieben.

- Njörd der Meeresgott -

Niörd ist mit Nepr und Nökkvi und daher auch Ägir, Gymir und Hler identisch. Daher konnte auch er der Vater der neun Töchter, d.h. der Vater der Jenseitsgöttin sein.

Dem Niörd ist noch um 1850 n.Chr. in Norwegen für einen reichen Fischfang gedankt worden.

Ursprünglich ist Niörd nicht der „Gott des Meeres", sondern der „Gott im Meer", d.h. der ehemalige Sonnengott-Göttervater Tyr in der Wasserunterwelt gewesen.

- Die „Inkarnationen" des Niörd -

Niörd ist der Sohn des Yngvi/Ingi/Ingui. Niörd und sein Sohn Yngvi-Freyr sind wie der alte und der junge Tyr ein zyklisch erscheinender Gott, der stirbt und als sein eigener Sohn wiedergeboren wird.

Njörd hatte seine Schwester zur Frau, die vermutlich mit der Göttin Nerthus identisch ist. Auch Freyr und Freya, die Kinder des Njörd und seiner Schwester, sind ebenfalls ein Paar. Dieses Inzest-Motiv ist entstanden, als man sich vorzustellen begann, daß die Jenseitsgöttin nicht nur den Sonnengott-Göttervater, sondern auch sich selber wiedergebar, sodaß die Göttin und der Gott bei dem nächsten Zyklus zu Geschwistern wurden.

Der Sonnengott-Göttervater starb in jedem Herbst und wurde in jedem Frühjahr wiedergeboren. Dadurch entstand die „Inkarnations-Folge" Ölvaldi – Thiazi – (Baldur) – Njörd – Odin.

Niörd wollte am Meer wohnen, seine Frau Skadi jedoch in den Bergen – was schließlich der Grund für die Trennung der beiden wurde. Ihr Kompromiß, abwechselnd neun Tage in den Bergen und drei Tage an der See zu leben, geht auf die alte Jahreszeitenzyklus-Mythe zurück, in der der Sommergott Tyr die neun Wintermonate über in der dem gebirgigen Riesen-Jenseits Utgard gefangen liegt und in der der der Wintergott Loki die drei Sommermonate über in der Hel gefesselt liegt.

Skadi lebt an dem Ort Thrymheim, der einst ihrem Vater Tyr-Thiazi gehört hat und der mit dem Wohnort „Noatun" des Niörd identisch ist.

Skadi ist die Jenseitsgöttin, mit dem sich der Göttervater in der Wasserunterwelt wiederzeugt und die ihn anschließend wiedergebiert. Dadurch wurde Skadi zu der Frau von Njörds Nachfolger Odin sowie zu der Göttin in den Krönungsritualen der schwedischen Könige bzw. zu der Mutter dieser Könige.

Skadi wählt ihren Gatten Njörd anhand seiner Füße aus. Dies ist ein Motiv aus den Mythen des Sonnengottes, der zugleich der Göttervater ist: Die Sonne ist der Himmelswanderer.

Skadi ist die Landesgöttin. Durch die Vereinigung mit ihr wurde ein Thornfolger zum König. Dies ist eine Weiterentwicklung des Jenseitsreise-Motivs, das letztlich aus den Mythen des Sonnengott-Göttervaters Tyr stammt.

- Niörd der Göttervater -

Niörd ist über Freyr der Ahnherr der schwedischen Könige, was zeigt, daß er der Göttervater, d.h. Tyr gewesen sein muß, da die Könige stets die Nachkommen des Göttervaters sind. Niörd wurde als Göttervater und Königsahn „Herrscher" genannt. Ihm wurde geopfert.

Niörd starb (in seiner Deutung als König) an einer Krankheit und wurde kurz zuvor mit einem Speer dem Odin geweiht. Sein Leichnam wurde verbrannt und über seiner Asche wurde ein Hügelgrab errichtet.

Niörd hat „hundert" Tempel, d.h. er ist ein wichtiger Gott gewesen.

Niörd wurden beim Ring-Eid als einer von drei Göttern angerufen, was zeigt, daß er ein sehr wichtiger Gott gewesen sein muß – was seine Gleichsetzung mit Tyr im Jenseits noch einmal bestätigt.

Njörd als der „alte Tyr im Jenseits", der der Vater des „jungen Tyr im Diesseits" ist, entspricht bei den Römern dem Saturn und bei den Griechen dem Kronos.

- Der Krieg zwischen den Asen und den Wanen -

Njörd und seine Kinder zählen zu den Wanen. Die südgermanischen Asen haben unter der Führung von Odin einen Krieg gegen Njörd und die nordgermanischen Wanen geführt, der um 500 n.Chr. mit der Absetzung des Tyr-Niörd und der Vereinigung der beiden Götterkreise geendet hat.

Der Wane Njörd und der Ase Hönir wurden zwischen den beiden Kriegsparteien nach dem Friedensschluß als Geiseln getauscht. Beide Götter müssen sehr geachtet gewesen sein, da sie sonst keinen Wert als Geiseln gehabt hätten. Dies wird dadurch bestätigt, daß Niörd „Trefflichster der Götter" genannt wird und als „ohne Fehl und Makel" beschrieben wird. Als eine Gestalt des Göttervaters ist er auch ein „Männerfürst".

Als einer der wichtigsten Gottheiten war die Geisel bei dem Friedensschluß zwischen den Asen und den Wanen. Er lebte bei Hymir, dem Vater des ehemaligen Göttervaters Tyr, wo er auch „Hymirs Töchter" kennenlernte, zu denen vermutlich auch Skadi zählt.

Niörd ist vom Osten her, also von den Riesen aus, als Geisel zu den Asen gesandt worden. Die Wanen sind hier den Riesen verglichen worden – vermutlich weil der Riese Tyr-Thiazi, der mit Njörd identisch ist, der wichtigste Wanengott gewesen ist. Als Geisel ist Niörd von den Töchtern des Hymir, d.h. von den zu Riesinnen umgedeuteten Jenseitsgöttin mißhandelt worden – was sicherlich eine relativ neue Umdeutung ist.

- Die Wirkungsbereiche des Niörd -

Niörd ist der Herr des Meeres („Hler"), des Feuers („Logi") und der Luft („Kari"), die die Söhne des Tyr-Riesen Forniot sind, der mit Niörd identisch ist. Niörd hilft insbesondere bei der Seefahrt und bei der Fischerei. Er ist generell zusammen mit seinem Sohn Freyr der Gott des Wohlstandes.

Im Ritual wurde Met aus Kelchen getrunken, der dem Niörd und seiner Tochter Freya (irrtümlich statt Freyr?) geweiht war. Durch diesen Trank bat man um gute Ernten und um Frieden.

Als Göttervater war Njörd auch ein Gott der Gerechtigkeit: Bei seinem Ring legte man Eide ab und in seinem Namen konnte man auch Übeltäter verfluchen. Der Wichtigkeit dieses Gottes entspricht es, daß ihm große Tempel geweiht waren. In der Sagen-Version wurde daraus Njörd als Opferpriester und Hohepriester dieser Tempel. Die Wichtigkeit des Njörd wird auch dadurch bestätigt, daß es Ortsnamen gibt, die nach Njörd-Tempeln, -Hainen und -Thingplätzen benannt worden sind.

Njörd lebte als einzige Ase nicht in Asgard, sondern am Meer in Noatun („Schiffs-Stadt"). Da das Meer die Wasserunterwelt ist, stellt Njörd offenbar den Nacht-Aspekt des Göttervaters dar, d.h. seinen Aufenthalt im nächtlichen bzw. winterlichen Jenseits. In dieser Eigenschaft ist er auch dem Meeresriesen Ägir gleichgesetzt worden und ist er auch der Gott des Meeres und des Windes sowie der Beschützer der Seeleute und der Fischer.

Njörd und Freyr sind in der Magie bewandert. Freya Njörd-Tochter lehrt die Menschen die Magie.

Njörd und Freyr werden als die „Tyr-Priester" („Diar") des Odin bezeichnet – sie sind also eng mit Tyr verbunden.

Njörds Zuständigkeit für das Feuer hat seinen Ursprung vermutlich sowohl in dem Motiv des Sonnenfeuers (Njörd ist der ehemalige Sonnengott-Göttervater im Jenseits) und in dem Motiv des Feuer-Jenseitstores („Waberlohe").

- Niörd in den Sagas -

Als die Mythen der Germanen in die Königssagen übertragen wurden, wurden Njörd und sein Sohn Freyr die ersten schwedischen Könige.

Einzelne Elemente der Njörd-Mythe wurden auch in die Sagas eingebaut – wie z.B sein Wohnort „Noatun". Auch der Wohnort-Streit zwischen Njörd und Skadi ist zu einem Saga-Motiv geworden.

II Der Meeresgott in der indogermanischen Überlieferung

Die folgende Tabelle zeigt den Stammbaum der Indogermanen. Die Namen für die gemeinsamen Vorfahren der verschiedenen Völker wie „Tocharo-Romanen" sind künstliche Bezeichnungen, da nicht bekannt ist, wie sich die betreffenden Völker selber genannt haben. Die Differenzierung dieser Völker fand in etwa zwischen 2800 v.Chr. und 1800 v.Chr. statt.

Indo-germanen						
	West-Indo-germanen	Balto-Slawen				Balten
						Slawen
		Tocharo-Romanen	Tocharo-Romanen	Kelto-Romanen		Kelten
						Römer
						Tocharer
						Germanen
	Süd-Indo-germanen					Lyder
		Hethito-Luwier	Hethito-Palaer			Hethiter
						Palaer
						Luwier
	Ost-Indo-germanen	Gräco-Thraker				Thraker
						Griechen
		Indo-Skythen				Skythen
			Indo-Armenier			Armenier
				Indo-Mitanni		Mitanni
					Indo-Perser	Perser
						Inder

Im Folgenden sind nur die Völker aufgeführt, von denen etwas über das hier betrachtete Thema des Meeresgottes bekannt ist.

II 1. Der Meeresgott bei den West-Indogermanen

II 1. a) Der Meeresgott bei den Kelten

Der keltische „Gott im Meer" wurde Lir genannt und entspricht dem germanischen Meeresriesen bzw. Meeresgott Hler und somit auch den mit Hler identischen Göttern/Riesen Ägir, Gymir und Niörd. In den keltischen Mythen spielt jedoch vor allem Mannanan McLir, also der Sohn des Lir, eine Rolle – er ist der wiedergeborene „Gott im Meer", der Sonnengott-Göttervater in der Wasserunterwelt, der am Morgen von der Jenseitsgöttin wiedergeboren in das Diesseits zurückkehrt.

In Wales wurde Lir „Llyr" genannt und Mannanan „Manawyddan".

Der Meeresriese Ägir entsprach auch dem einäugigen Fomoire-König (Riesen-König) Balor, dessen Name die keltische Variante des bis in die Jungsteinzeit zurückreichenden Namens „Ba'al" des Sonnengott-Göttervaters ist. Balor ist der keltische Sonnengott Belenus in der Unterwelt. Er entspricht dem germanischen Riesen Beli.

Die Übereinstimmung in den Mythen der Germanen und der Kelten ist bei diesem Thema ausgesprochen groß.

II 1. b) Der Meeresgott bei den Römern

Der römische „Gott im Meer" ist Neptun. Er war der Bruder des Unterweltgottes Pluto und des Göttervaters Jupiter.

Der ursprüngliche Charakter des Neptun ist aus der römischen Überlieferung heraus leider nicht mehr klar erkennbar.

II 1. c) Der Meeresgott bei den Kelto-Romanen
(die gemeinsamen Vorfahren der Kelten und Römer)

Bei den Kelten und vermutlich auch bei den Römern ist der „Gott im Meer" der Sonnengott-Göttervater in der nächtlichen bzw. winterlichen Wasserunterwelt gewesen.

II 1. d) Der Meeresgott bei den Germanen

Bei den Germanen ist der ehemalige Sonnengott-Göttervater Tyr in der Wasserunterwelt zu Ägir, Gymir, Hler und Njörd geworden.

II 1. e) Der Meeresgott bei den Germano-Romanen
(die gemeinsamen Vorfahren der Kelten, Römer, Tocharer und Germanen)

Der „Gott im Meer" war die Sonne in der Wasserunterwelt. Da der Göttervater „wie die Sonne" war, ist auch der „Gott im Meer" der Göttervater selber.

II 1. f) Der Meeresgott bei den Slawen

In den slawischen Mythen treten bisweilen Wassergeister und ein Wassermann auf, aber kein klar konturierter „Gott im Meer".
Der „Wassergott" Veles entspricht eher der Regenräuberschlange (siehe den Band 41 über die Drachen) als dem „Gott im Meer".

II 1. g) Der Meeresgott bei den West-Indogermanen
(die gemeinsamen Vorfahren der Kelten, Römer, Tocharer, Germanen, Balten und Slawen)

Der „Gott im Meer" war der Sonnengott-Göttervater in der Wasserunterwelt.

II 2. Der Meeresgott bei den Süd-Indogermanen

II 2. a) Der Meeresgott bei den Hethitern

In den Mythen der Hethiter erscheint ein Meeresgott, der die Sonne in der Wasserunterwelt gefangenhält – was offenkundig eine Umdeutung des nächtlichen bzw. winterlichen Aufenthaltes der Sonne in der Wasserunterwelt ist.

Dieser Gott wurde möglicherweise mit dem hattischen Wort „Han" für „Meer" bezeichnet, da seine Tochter „Hatepuna" heißt, was „Tochter des Meeres" bedeutet. Sie ist wie die ebenfalls Meer-geborene Aphrodite der Griechen und die germanische Göttin Ran die Meeresgöttin, d.h. eigentlich die Jenseitsgöttin in der Wasserunterwelt.

Später wurde Hatepuna, die auch Halipinu genannt wurde, die Frau des Wetter- und Donnergottes Telepinu, der der Sohn des Gottes Tarhunna (= Thor) und der Sonnengöttin Arianna, d.h. der wiedergeborene Tarhunna war.

Die ursprüngliche Mythe ist hier zwar schon umgestaltet worden, aber der Sonnengott, der in der Wasserunterwelt von der Jenseitsgöttin wiedergeboren wird, ist noch deutlich erkennbar.

II 2. b) Der Meeresgott bei den Süd-Indogermanen
(die gemeinsamen Vorfahren der Hethiter, Palaer, Luwier und Lyder)

Es ist zwar lediglich von den Hethitern ein „Gott im Meer" bekannt, aber da in seinen Mythen noch deutlich das Motiv der Wiedergeburt der Sonne im Meer erkennbar ist, wird es dieses Motiv ursprünglich auch bei den anderen süd-indogermanischen Völkern gegeben haben.

II 3. Der Meeresgott bei den Ost-Indogermanen

II 3. a) Der Meeresgott bei den Persern

Aus den alten Schriften ist kein persischer Meeresgott bekannt.

Bei den im Kaukasus lebenden und eng mit den Persern verwandten Narten gibt es jedoch den Meeresgott Donbettir, der der Herr der Meeresunterwelt ist. Sein Name bedeutet „Herr des Wassers".
Diese Überlieferung stammt allerdings aus der Neuzeit, was jedoch ein höheres Alter dieses Meeresgottes nicht ausschließt.

II 3. b) Der Meeresgott bei den Indern

Bei den Indern ist der Gott Brahma am deutlichsten als „Gott im Meer" erkennbar – er ruht vor dem Beginn der Welt im Urmeer und erschafft aus sich heraus die Welt. Hier scheint die Urriesen-Mythe mit der Sonnenwiedergeburt-Mythe verschmolzen zu sein – ähnlich wie bei den Germanen oft der Urriese Ymir und der Sonnengott-Göttervater Tyr gleichgesetzt worden sind.

II 3. c) Der Meeresgott bei den Indo-Persern
(die gemeinsamen Vorfahren der Inder und Perser)

Auch bei ihnen findet sich der „Gott im Meer".

II 3. d) Der Meeresgott bei den Skythen

Herodot hat den skythischen Gott Thagimasidas dem griechischen Meeresgott Poseidon gleichgesetzt. Er wurde wie der germanische Niörd mit der Unterwelt und mit Wohlstand assoziiert. Bei ihm finden sich auch das Motiv der Rinder, die die Gestalt des Sonnengott-Göttervaters und allgemein der Toten im Jenseits sind. (Bei den Griechen hieß das Jenseits „Eleusinische Felder", d.h. „Rinderweide".)

II 3. e)   Der Meeresgott bei den Skytho-Indern
(die gemeinsamen Vorfahren der Inder, Perser, Mitanni, Armenier und Skythen)

Der Sonnengott-Göttervater in der Wasserunterwelt ist bei den Skytho-Indern zwar in den Hintergrund getreten und umgedeutet worden, aber er ist noch bei allen Völkern dieses Teils der Indogermanen wiederzufinden.

II 3. f)   Der Meeresgott bei den Griechen

Der Meeresgott Poseidon ist wie der römische Neptun der Bruder des Göttervaters (Zeus/Jupiter) und des Unterweltgottes (Hades/Pluto). Vermutlich sind Hades und Poseidon lediglich zwei Varianten des Göttervaters in der Unterwelt, die dadurch entstanden sind, daß es ein Erd-Jenseits und ein Wasser-Jenseits gegeben hat – Zeus-Jupiter befindet sich gewissermaßen im Himmels-Jenseits.

Dem entsprechen bei den Germanen die beiden Jenseitsgöttinnen Hel (Grabkammer des Hügelgrabes) und Ran (Jenseits im Meer) bzw. Tyr-Geirröd im Hügelgrab, Tyr-Ägir in der Wasserunterwelt und Tyr-Surtur im (schon umgedeuteten) feurigen Sonnen-Himmelsjenseits.

Poseidon zeugte in Hengstgestalt zusammen mit Demeter in Stutengestalt das Roß Areion. Ebenfalls in Pferdegestalt zeugte er zusammen mit der Jenseitsgöttin Medusa das geflügelte Roß Pegasus. Hier ist Poseidon noch gut als der Gott in der Unterwelt erkennbar, der sich zur Absicherung seiner Zeugungskraft in ein Pferd verwandelt (siehe „Wiederzeugung" in Band 51).

Auch das Motiv des Inzests (Poseidon und Demeter sind Geschwister) stammt aus den Wiederzeugungsvorstellungen (siehe „Inzest" in Band 51). Auch Zeus vereint sich mit seiner Schwester Demeter – Hades nur mit Demeters Tochter Persephone, die jedoch ursprünglich mit Demeter identisch gewesen sein wird („wiedergeborene Demeter").

Auf dieselbe Weise sind auch bei den Germanen so gut wie alle Tyr-Riesen und Meeres-Riesen mit der Erd- und Jenseitsgöttin verbunden – sie ist jedoch meistens schon zu der Tochter des ehemaligen Sonnengott-Göttervaters umgedeutet worden.

Poseidon ist somit recht sicher als „Göttervater in der Unterwelt" erkennbar.

Illias 13, 10:
Aber nicht achtlos lauschte der Erderschüttrer Poseidon.
Denn er saß, anstaunend die Schlacht und das Waffengetümmel,
Hoch auf dem obersten Gipfel der grünumwaldeten Samos

Thrakiens: dort erschien mit allen Höhn ihm der Ida,
Auch erschien ihm Priamos Stadt, und der Danaer Schiffe.
Dorthin entstieg er dem Meer, und sah mit Gram die Achaier
Fallen vor Trojas Macht, und ergrimmte vor Zorn dem Kronion.
Plötzlich stieg er herab von dem zackigen Felsengebirge,
Wandelnd mit hurtigem Gang; und es bebten die Höhn und die Wälder
Weit den unsterblichen Füßen des wandelnden Poseidaon.
Dreimal erhob er den Schritt; und das vierte Mal stand er am Ziele,
Ägä: dort wo ein stolzer Palast in den Tiefen des Sundes
Golden und schimmerreich ihm erbaut ward, stets unvergänglich.
Dorthin gelangt nun schirrt' er ins Joch erzhufige Rosse,
Stürmendes Flugs, umwallt von goldener Mähne die Schultern;
Selbst dann hüllt' er in Gold sich den Leib, und faßte die Geißel,
Schön aus Golde gewirkt, und trat in den Sessel des Wagens,
Lenkte dann über die Flut: die Ungeheuer des Abgrunds
Hüpften umher aus den Klüften, den mächtigen Herrscher erkennend,
Freudig ihm trennte des Meers Gewoge sich; und wie geflügelt
Eilten sie, ohne daß unten die eherne Achse genetzt ward;
Hin zu Achaias Schiffen enttrugen im Sprung ihn die Rosse.

    Poseidon bewohnt wie Ägir eine Halle auf dem Grunde des Meeres.

Odyssee 1, 65:
O wie könnte doch ich des edlen Odysseus vergessen?
Sein, des weisesten Mannes, und der die reichlichsten Opfer
Uns Unsterblichen brachte, des weiten Himmels Bewohnern?
Poseidaon verfolgt ihn, der Erdumgürter, mit heißer
Unaufhörlicher Rache; weil er den Kyklopen geblendet,
Polyphemos, den Riesen, der unter allen Kyklopen,
Stark wie ein Gott, sich erhebt. Ihn gebar die Nymphe Thoosa,
Phorkyns Tochter, des Herrschers im wüsten Reiche der Wasser,
Welche Poseidon einst in dämmernder Grotte bezwungen.
Darum trachtet den Helden der Erderschüttrer Poseidon,
Nicht zu töten, allein von der Heimat irre zu treiben.
Aber wir wollen uns alle zum Rat vereinen, die Heimkehr
Dieses Verfolgten zu fördern; und Poseidaon entsage
Seinem Zorn: denn nichts vermag er doch wider uns alle,
Uns unsterblichen Göttern allein entgegen zu kämpfen!

Auch bei den Germanen wurde das Meer bzw. die in ihm liegende Riesenschlange Jörmungandr „Erdumgürter" genannt.

Der Name „Ägäis" des griechischen Meeres entspricht dem Namen „Ägir" des germanischen Tyr in der Wasserunterwelt.

Das bei Ägir geschilderte Motiv, daß sich das Bier in seiner Halle selber aufträgt, findet sich auch bei den Griechen in der Form der eigenständig laufenden, dreibeinigen Tische, die der Schmiedegott Hephaistos hergestellt hat. Sowohl der Meeresgott als auch der Schmiedegott, der in einer Halle auf einer Insel oder am Grunde des Meeres lebt, ist der Sonnengott-Göttervater Tyr in der Wasserunterwelt.

Der Ursprung dieses Motivs ist vermutlich der Göttervater als Sonnenwanderer, der von den Kelten und den Griechen als Sonnenschild mit drei Beinen dargestellt worden ist und der auch den Germanen in der Form des dreieckigen Hrungnir-Herzens bekannt gewesen ist.

II 3. g)   Der Meeresgott bei den Thrakern

Möglicherweise hat Dionysos die Rolle des „Gottes im Meer" übernommen, aber das ist unsicher.

II 3. h)   Der Meeresgott bei den Ost-Indogermanen
(die gemeinsamen Vorfahren der Inder, Perser, Mitanni, Armenier, Skythen, Griechen und Thraker)

Der „Gott im Meer" ist auch den Ost-Indogermanen bekannt gewesen. Am deutlichsten hat er sich bei den Griechen erhalten können.

II 4.   Der Meeresgott bei den Indogermanen

Der Meeresgott der Indogermanen geht auf die Vorstellung zurück, daß sich der Sonnengott-Göttervater Dhyaus (Zeus, Tyr, Jupiter usw.) des Nachts in der Wasserunterwelt mit der Jenseitsgöttin vereint, um dann am Morgen von ihr wiedergeboren zu werden.

III Der Meeresgott in der jungsteinzeitlichen Überlieferung

Die untenstehende Übersicht zeigt nur den grob umrissenen Stammbaum der jungsteinlichen Völker in Vorderasien, der insbesondere in seiner ersten Hälfte (10.000-6.000 v.Chr.) noch nicht sicher bekannt und zudem von der Überlieferung her recht lückenhaft ist. Die einzelnen Völker sind erst ab ca. 4000 v.Chr. durch die vermehrte Herstellung von bemalter Keramik sowie ab 3.250 v.Chr. durch die Erfindung der Hieroglyphen in Ägypten und der Keilschrift in Mesopotamien detaillierter bekannt.

Göbekli Tepe, Nevali Cori, Jericho u.a.	Çatal Hüyük u.a.	Zentral-Völker	Sumer (Mesopotamien)		Akkader, Babylonier usw.
			Megalith-Kultur		
		Ost-Völker	Elamo-Drawiden	Elam (Ost-Persien)	
				Harappa-Drawiden	Harappa (Nordwest-Indien)
					Drawiden (Indien)
		Südwest-Völker	Semiten		
			Afro-Asiaten		Ägypter
					Berber
		Nordvölker	Indogermanen		
			Hurriter		

Im Folgenden sind nur die Völker aufgeführt, von denen etwas über das hier betrachtete Thema des Meeresgottes bekannt ist.

III 1. Der Meeresgott bei den Nordvölkern

III 1. a) Der Meeresgott bei den Indogermanen

Der Meeresgott der Indogermanen geht auf die Vorstellung zurück, daß sich der Sonnengott-Göttervater Dhyaus (Zeus, Tyr, Jupiter usw.) des Nachts in der Wasserunterwelt mit der Jenseitsgöttin vereint, um dann am Morgen von ihr wiedergeboren zu werden.

III 1. b) Der Meeresgott bei den Hurritern

Die Hurriter lebten um 1200 v.Chr. im Westen der Hethiter, d.h. in der Osttürkei und im nördlichen Irak – in etwa in dem heute von den Kurden bewohnten Gebiet.

Der Meeresgott der Hurriter heißt Kiashi und verkörpert das Meer. Sein Name bedeutet „Meer". Sein hethitischer Name lautete „Aruna", was ebenfalls „Meer" bedeutet.

Im „Gesang über das Meer" tobt Kiashi in einer Sturmflut. Der dem Kronos und dem Saturn ähnliche Korngott Kumarbi, der ein „alter Gott" ist und „Vater der Götter" genannt wurde, riet den Göttern, dem Meeresgott Kiashi zu opfern. Sie gaben ihm Gold, Silber und Edelsteine, doch er wollte die Liebes- und Kriegsgöttin Shaushka (Venus). Daraufhin kämpft der Wettergott-Donnergott mit Kiashi.

In dieser Mythe entspricht Kiashi offenbar dem „alten Tyr in der Wasserunterwelt". Der Wettergott entspricht dem Thor, der gegen den alten Tyr-Riesen kämpft. Hier liegt dieselbe Entwicklung wie bei den Germanen vor, in der sich der Kampf zwischen dem Sommergott Tyr und dem Wintergott Loki weitgehend mit dem Kampf des Donnergottes Thor gegen die Regenräuberschlange Jörmungandr verbunden hat.

Der Korngott Kumarbi („alter Tyr-Riese") nimmt Shertapshuruchi, die Tochter des Meeresgottes Kiashi, zur Frau, die eine wunderschöne, mehrere Meilen hohe Riesin ist. Das Kind der beiden ist der Meeresdrache Hedammu. Diese Szene entspricht der Wiederzeugung des Tyr in der Wasserunterwelt, in der Tyr auch die Gestalt eines Drachen angenommen hat (siehe „Drachen" in Band 41).

Der Meeresdrache Hedammu, der auch „Apshe" („Schlange") genannt wurde, vereinte sich mit der Liebes- und Kriegsgöttin Shaushka (Venus). Auch diese Szene wird ursprünglich die Vereinigung des Göttervaters als Drache in der Wasserunterwelt mit der Jenseitsgöttin gewesen sein.

In dem hethitisch-hurritischen „Gesang des Ullikummi" lädt der Meeresgott den

Korngott Kumarbi zu sich zu einem Festmahl ein. Dies entspricht bei den Germanen dem Fest bei Ägir, zu dem er die Asen eingeladen hat (und an dem Loki seine Zankreden hält).

III 1. c) Der Meeresgott bei den Nordvölkern
(die gemeinsamen Vorfahren der Indogermanen und der Hurriter)

Bei den Nordvölkern ist der Meeresgott ursprünglich ein „Gott im Meer" und kein „Gott des Meeres" gewesen. Er ist der Sonnengott-Göttervater in der nächtlichen bzw. winterlichen Wasserunterwelt.

III 2. Der Meeresgott bei den Ostvölkern

III 2. a) Der Meeresgott bei den Bewohnern von Harappa

Von ihnen ist zwar kein Meeresgott, aber das Motiv der Wasserunterwelt gut bekannt. Wie auch in Mesopotamien und in Ägypten waren auch die Städte am unteren Indus, die von 2600-1800 v.Chr. bewohnt waren, zweigeteilt: Im Osten des Flusses, an dem sie erbaut wurden, lag die „Stadt der Lebenden", in der die Menschen wohnten, und im Westen des Flusses die „Stadt der Toten", in der die Toten bestattet wurden.

Da sich diese Symbolik offenkundig am Lauf der Sonne orientiert, die am Morgen im Osten geboren wird und am Abend im Westen stirbt, kann man auch von dem Motiv des Sonnengottes in der nächtlichen Wasserunterwelt ausgehen.

Die Darstellung dieser Mythe fand in dem Tempelsee statt, der von Harappa über Mesopotamien bis nach Ägypten eines der wichtigsten architektonischen Elemente der Tempel auf der Ostseite des Flusses gewesen ist. Auf der Westseite des Flusses standen die Totentempel.

2. h) Der Meeresgott bei den Ostvölkern
(die gemeinsamen Vorfahren der Elamiter, Drawiden und der Bewohner von Harappa)

Das Motiv des Sonnengott-Göttervaters in der nächtlichen Wasserunterwelt spielte in dem Kult und folglich auch in der Religion dieser Völker eine große Rolle.

III 3. Der Meeresgott bei den Zentralvölkern

III 3. a) Der Meeresgott bei den Sumerern und Bayloniern

Die Meeresgöttin Nammu („Mutter") ist die Urgöttin in der sumerischen Mythologie. Sie ist die Mutter des Himmelsgottes Anu und der Erdgöttin Ki, die die Eltern der übrigen Götter sind. Dieses Götter-Urpaar findet sich auch bei den Indogermanen, den Ägyptern und anderen Völkern, die von den frühen Bauern in Mesopotamien abstammen.

Diese Urmeer-Göttin unterscheidet sich deutlich von dem Meeresgott, der ursprünglich der Sonnengott-Göttervater in der Wasserunterwelt gewesen ist.

Eines der wichtigsten Kinder von Anu und Ki ist der Göttervater Enki („Herr Erde"). Er wohnt in dem unterirdischen Süßwassermeer Abzu. Aus ihm stammen die Quellen und die Regenwolken. Er ist einer der wichtigsten Götter in den Mythen der Sumerer, Babylonier und Assyrer. Er ist zwar ein „Gott im Wasser", aber er scheint eher ein „Urbild der Toten in der Wasserunterwelt" zu sein, da er nirgendwo als Sonnengott erscheint. Enki entspricht eher dem ägyptischen Erdgott-Korngott-Totengott Osiris in der Wasserunterwelt.

Das Salzwasser wird durch die Drachen-Frau Tiamat verkörpert.

Athirat ist eine Meeres-, Himmels- und Sonnengöttin aus Ugarit an der östlichen Mittelmeerküste. Sie wurde „Herrin der See" und „Erzeugerin der Götter" genannt. Sie entspricht der sumerischen Urwassergöttin Nammu. Sie ist die Mutter fast aller Gottheiten.

Die Meeresgöttin Ashera („die Heilige") wurde in Syrien und Kanaan verehrt. Eines ihrer Kultsymbole was wie bei der ägyptischen Muttergöttin Hathor die (Welten-) Säule. Ashera wurde auch im südwestlichen Mittelmeer in Karthago verehrt.

Bis ca. 550 v.Chr. wurde der israelische Jahwe zusammen mit Ashera als ein Götterpaar verehrt. Erst danach entstand der jüdische Jahwe-Monotheismus.

III 3. b) Der Meeresgott in der Megalith-Kultur

Da es keine schriftlichen Überlieferungen aus der Megalithkultur gibt, läßt sich ein Meeresgott nur indirekt nachweisen.

Die Menschen, die die Megalithbauten erreichtet haben, lebten an der Küste des Mittelmeeres sowie jenseits der Meerenge von Gibraltar an der afrikanischen Küste nach Süden hin bis zur Elfenbeinküste und nach Norden hin bis nach Skandinavien. Als Seefahrervolk werden sie mit Sicherheit eine Meeresgottheit gehabt haben.

Die Wellenornamente in manchen Ganggräbern lassen vermuten, daß es die Vorstellung einer Wasserunterwelt gegeben hat, die das Meer gewesen sein könnte.

Schließlich könnte der nur von den Germanen und den Kelten bekannte Meeresgott-Namen „Hler" bzw. „Lir" von den Erbauern der Megalithanlagen stammen, die in den Gebieten gelebt haben, die anschließend von den Kelten und den Germanen besiedelt worden sind.

III 3. c) Der Meeresgott bei den Zentralvölkern
(die gemeinsamen Vorfahren der Sumerer, Babylonier und den Menschen der Megalithkultur)

Bei den Zentralvölkern gab es vor allem eine Wasser-Urgöttin, die auch das Meer verkörpert hat.

Lediglich von den Sumerern ist ein „Gott im Wasser" bekannt – Enki, der Herr der Unterweltswasser. Er ist ein Göttervater, aber kein Sonnengott.

III 4. Der Meeresgott bei den Südwestvölkern

III 4. a) Der Meeresgott bei den Ägyptern

Die Göttin Nut („Wasser") ist das Himmelsmeer. Sie entspricht der Wasser-Urgöttin der mesopotamischen Völker.

Die Göttin Naunet („Wasser") ist ein gelehrtes Konzept der ägyptischen Priester, die die Welt als aus acht Elementen entstanden beschreiben, die Ähnlichkeit mit den acht Trigrammen des I Gings der Chinesen haben (siehe das Kapitel über die „8" in Band 47).

Der Urgott Nun („Wasser") ist eine männliche Version dieser Göttin. Er wird als der „alte Gott" und als der Vater der Götter angesehen. Aus ihm steigt am Anfang der Zeit der Urmensch Atum in der Form der Urinsel empor. Atum ist eng mit dem Urriesen Ymir der Germanen verwandt.

Das Meer wurde „Wadj-wer", d.h. „das große Grüne" genannt. Er wurde als Mann, aber mit großen Brüsten und einem dicken Bauch dargestellt. Er verkörpert das Meer, das Urwasser, die Fruchtbarkeit und z.T. auch den Nil.

Der Korngott- und Totengott Osiris ist wie der sumerische Enki ein „Gott im Süßwasser", aber er ist nicht die Sonne, sondern die fruchtbare Erde, auf der das Korn wächst und die einmal im Jahr vom Nil überschwemmt wird, sodaß Osiris dann ein „Gott unter Wasser" ist.

Osiris-Enki ist also ein ganz anderer Typ von Gott als Ägir-Gymir-Hler-Niörd, obwohl beide ein „Gott im Wasser" sind. Bei Osiris-Enki versinkt die Erde in dem Süßwasser der Flüsse und bei Ägir-Gymir-Hler-Niörd versinkt die Sonne in dem Salzwasser des Meeres.

Die größte Ähnlichkeit mit Osiris-Enki hat Niörd, da auch er wie Osiris ein Gott der guten Ernten ist.

Da die Indogermanen jedoch zwischen 6.000 v.Chr. und 2.000 v.Chr. fast nur Viehzucht und kaum Ackerbau betrieben haben, ist es unwahrscheinlich, daß Osiris-Enki und Niörd eine gemeinsame Wurzel in dem Korngott der frühen Ackerbauern in Mesopotamien um 7.000 v.Chr. haben, von denen die Indogermanen, die Sumerer und die Ägypter abstammen.

Die Ähnlichkeiten zwischen Osiris-Eniki und Niörd werden daher auf unterschiedlichen Vorgeschichten beruhen. Vermutlich hat Niörd seinen Zuständigkeitsbereich auf den Ackerbau erweitert, als die Germanen wieder vermehrt Ackerbau betrieben haben.

Der Sonnengott Re durchquert des nachts die Unterwelt und zieht dabei in einer Barke über einen Fluß, der vom Sonnenuntergangspunkt im Westen bis zum Sonnenaufgangspunkt im Osten reicht. Manchmal wird die Sonne am Morgen auch durch den Krokodilgott Sobek aus den Fluten des Nils emporgehoben.

Hier findet sich zwar dieselbe Vorstellung über den Sonnengott-Göttervater in der Wasserunterwelt, aber aus ihr hat bei den Ägyptern kein Meeresgott entwickelt.

III 4. d) Der Meeresgott bei den Südwestvölkern
(die gemeinsamen Vorfahren der Semiten, Berber und Ägypter)

Bei ihnen gab es den Sonnengott-Göttervater in der Wasserunterwelt und auch den Erdgott-Korngott-Totengott in der Wasserunterwelt, aber keinen Meeresgott mit einem differenzierten Charakter und eigenen Mythen – lediglich eine Personifizierung des Meeres.

Das Urwasser war eine Göttin, aber es konnte auch als Gott dargestellt werden, was wahrscheinlich jedoch eine neuere Entwicklung gewesen sein wird.

III 5.   Der Meeresgott bei den frühen Völkern

III 5. a)   Der Meeresgott bei den Bewohnern von Çatal Hüyük

In den Bildern der Bewohner von Çatal Hüyük in der südlichen Zentraltürkei, die um 7000 v.Chr. in der ersten „Industriestadt" gelebt und dort Steinwerkzeuge hergestellt haben, finden sich keine eindeutigen Hinweise auf eine Wasser-Symbolik. Es gibt lediglich einige Ornamente, in denen die Muttergöttin von Wasserwellen umgeben ist. Sie könnte der späteren Urwasser-Göttin der Sumerer („Nammu") und der Ägypter („Nut") entsprechen.

III 5. b)   Der Meeresgott bei den Jägern von Göbekli Tepe, Nevali Cori und Jericho

Die Abbildungen von Kranich-Seelenvögel und Enten-Seelenvögel lassen auf eine Wasserunterwelt schließen. Auch die großen Mulden in den Felsen und die steinernen Ritualkessel könnten ein Hinweis auf die Verwendung von Wasser in Ritualen sein, das die Wasserunterwelt symbolisieren könnte.

Es wird daher auch schon um 10.000 v.Chr. „Menschen im Wasser" gegeben haben, aber auf einen Meeresgott gibt es keinerlei Hinweise.

Die Sonne ist schon damals ein wichtiges Symbol in der Religion gewesen: Der Aufbau der Tempel und der Tempeltürme sowie die Themen der Bilder in den Tempeln orientierte sich an der Sonnenlauf-Symbolik (Geburt; Leben, Tod, Jenseits).

Daher könnte es damals durchaus schon das Motiv der Sonne in der nächtlichen Wasserunterwelt gegeben haben.

III 5. c)   Der Meeresgott bei den frühen Völkern
(die gemeinsamen Vorfahren der Bewohner von Göbekli Tepe, Nevali Cori, Çatal Hüyük, Jericho und ihrer Nachbarn)

Es hat wahrscheinlich die Vorstellung einer Wasserunterwelt gegeben, die vermutlich als die Urgöttin oder als das Fruchtwasser in ihrem Bauch aufgefaßt worden ist.

Die Sonne wird des Nachts diese Wasserunterwelt durchquert haben.

III 6. Der Meeresgott in der Jungsteinzeit

Es hat die Wasserunterwelt, die Urwasser-Göttin, die Meeresgöttin, die Himmelsmeer-Göttin und die Sonne in der Wasserunterwelt gegeben, aber es gibt keinerlei Hinweise darauf, daß der Sonnengott-Göttervater schon zu einem Meeresgott geworden wäre.

IV   Der Meeresgott in der altsteinzeitlichen Überlieferung

Es gibt vereinzelt bei den Völkern, die nicht von den frühen Bauern in Mesopotamien abstammen, Meeresgötter und Meeresgöttinnen, aber keinen Meeresgott, der sich den indogermanischen Meeresgöttern vergleichen ließe.

Es gibt somit keine Hinweise auf einen Sonnengott-Göttervater-Meeresgott außerhalb der Indogermanen – außer bei zwei direkten Nachbarn von indogermanischen Völkern.

Das eine Volk sind die Hurriter, deren Kultur sich mit der Kultur der indogermanischen Hethiter so stark vermischt hat, daß der hurritische Meeresgott durch den hethitischen Meeresgott mitgeprägt worden sein kann.

Dasselbe gilt für den finnischen Meeresgott Ahti, der zusammen mit dem Meeresungeheuer Iku-Turso in einem Palast am Meeresgrund wohnt. Es ist gut möglich, daß dieses Motiv aus den Mythen der Nordgermanen übernommen worden ist.

Tangaroa ist ein Meeresgott der ozeanischen Völker, der die Gestalt eines Wales annehmen kann. Er ist der Sohn der Ureltern aller Lebewesen, der Erdmutter Rangi und des Himmelsvaters Papa. Er hat jedoch keine Sonnen-Aspekte in einen Mythen.

In den Mythen der Azteken ist Tlaloc der Regengott und Huixtocihuatl die Göttin des Salzwassers. Beide sind jedoch keine Meeresgötter.

V Die Biographie des Meeresgottes

- seit 50.000 v.Chr. oder früher -

In der Altsteinzeit hat es das Motiv der Wasserunterwelt gegeben, die von der Sonne in jeder Nacht durchquert worden ist.

- in der Zeit von 10.500-7.000 v.Chr. -

Bei den frühen Ackerbauern in Mesopotamien gab es die Vorstellung, daß sich der Sonnengott des Nachts in der Wasserunterwelt mit der Jenseitsgöttin vereint, um dann am Morgen von ihr wiedergeboren zu werden.

- in der Zeit von 7000-2800 v.Chr. -

Bei den Indogermanen wurde der Sonnengott auch zu dem Sonnengott-Göttervater Dhyaus (der spätere Zeus, Tyr, Dagda, Jupiter usw.). Auch er vereinte sich des Nachts in der Wasserunterwelt mit der Jenseitsgöttin vereint, um dann am Morgen von ihr wiedergeboren zu werden.

- seit 3.250 v.Chr. -

Zu Beginn des Königtums wurde aus der Sonne der Königsgott und meistens auch der Kriegsgott.
Diese Entwicklung ist zunächst in Ägypten zu beobachten, aber sie wird auch in Mesopotamien und bei den Indogermanen stattgefunden haben – möglicherweise jedoch erst etwas später.

- ab ca. 2.200 v.Chr. -

Die Auffassung des „Sonnengott-Göttervaters in der Wasserunterwelt" als eines „Gottes des Meeres" ist vor allem von den West-Indogermanen und den ihnen von ihren Mythen her oft sehr stark ähnelnden Griechen (die zu den Ost-Indogermanen gehören) zu finden.

Bei den Slawen ist kein Meeresgott zu finden, sodaß sich der Meeresgott, der den Meeresgöttern der Germanen gleicht, die in diesem Band betrachtet werden, nur bei den Germanen, den Kelten, den Römern und den Griechen findet.

Dies ist recht genau der Bereich, in dem die Indogermanen das Land besiedelt haben, in dem zuvor die Menschen der Megalithkultur gelebt haben. Es ist zumindestens denkbar, daß die Vorstellung über einen Meeresgott bei diesen Indogermanen durch einen Megalithkultur-Meeresgott mitangeregt worden ist.

- seit 1.800 v.Chr. -

Bei den Germanen ist der ehemalige Sonnengott-Göttervater Tyr in der Wasserunterwelt zu Ägir, Gymir, Hler und Njörd geworden.

Sein germanischer Name „Hler" und sein keltischer Name „Lir" könnten ein Wort für „Meer" sein, das die Germanen und die Kelten von den Erbauern der Megalithanlagen übernommen haben, die sie in ihrem Siedlungsgebiet vorgefunden haben.

Die Mythen des Ägir, Gymir und Hler bestehen nur aus Motiven, die aus den Vorstellungen über den ehemaligen Sonnengott-Göttervater Tyr stammen. Die Wohlstands- und Ernte-Motive aus den Mythen des Niörd müssen einen anderen Ursprung haben. Da sie sich auch bei Freyr finden, scheint dies ein Aspekt der Wanen zu sein (siehe dazu auch „Wanen" in Band 36 sowie den Band 15 über „Freyr").

- seit 500 n.Chr. -

Als um 500 n.Chr. der nordgermanische Göttervater Tyr durch Thor und Odin abgesetzt wurde, ist Tyr als der Meeresgott Niörd, Ägir, Gymir und Hler nicht wie die anderen Tyr-Riesen von Thor getötet worden, sondern zu einem „Freund der Asen" umgedeutet worden.

VI Das Aussehen des Meeresgottes

Über das Aussehen des nordgermanischen Meeresgottes wird kaum etwas gesagt, aber es lassen sich immerhin einige Merkmale deutlich erkennen, die es ermöglichen, ein Bild des Meeresgottes zu skizzieren.

Gesicht

Niörd ist „ohne Fehl und Makel" und „seine Kinder sind schön und mächtig". Daher sollte auch der Meeresgott selber ein schönes und kraftvoll wirkendes Gesicht haben. Für den Ausdruck von Kraft und Stärke und die Gewohnheit, die Dinge zu lenken, spricht auch, daß er der Sonnengott-Göttervater in der Wasserunterwelt ist und daß er als „zauberkundig" beschrieben wird.

Als „Tyr in der Wasserunterwelt" und als „Hler der Alte" sollte er ein älterer, weiser Krieger sein.

Er wird kräftige Augenbrauen, kräftige Wangenknochen und ein ausgeprägtes Kinn haben, die seine Kraft ausdrücken.

Er wird zudem Stirnfalten quer über seine Stirn haben, die zeigen, daß er große Zusammenhänge erkennen kann. Von seiner Nasenwurzel aus könnten drei Stirnfalten senkrecht emporragen, die von seiner Entschlossenheit und Tatkraft künden.

Man kann sich den Meeresgott auch mit neun Köpfen vorstellen, aber da das ein recht sperriges Bild wird und diese „9" eigentlich „zum Jenseits gehörig" bedeutet und nicht wörtlich-konkret aufzufassen ist, ist es vermutlich besser, es bei einem Kopf zu belassen ...

Gesichtsausdruck

Als der Sonnengott-Göttervater Tyr in der Wasserunterwelt sollte die Mimik des Meeresgottes Entschlossenheit ausstrahlen.

Als Priester sollte der Meeresgott zudem die Fähigkeit, nach innen zu schauen und die Lebenskraft zu lenken, haben. Dies wird sich u.a. in seinen tiefen Augen zeigen. Ihm ist zudem eine starke Verwurzelung in der Welt und in den Rhythmen von Nacht und Tag und von Winter und Sommer anzumerken – er entspringt dem Jenseits der Nacht und des Winters und kommt aus ihm heraus in das Diesseits des Tages und des Sommers. Der Meeresgott kennt den Tod – was ebenfalls seinem Blick anzumerken sein wird, der auch die Hingabe an das Unausweichliche ausdrückt. Der Meeresgott ist mächtig, aber nicht selbstherrlich, sondern erlebt sich als ein Teil der Welt, als jemanden, der dem Spruch der Nornen untersteht.

Diese Kenntnis des Todes ist auch eine der Wurzeln seines Standes als Priester und Zauberer und vermutlich auch als Seher. Der Meeresgott strahlt eine große innere Stille aus.

Haarfarbe

Es gibt keinerlei Hinweise auf die Haarfarbe des Meeresgottes. Da er jedoch der Sonnengott-Göttervater Tyr in der Wasserunterwelt ist, sollte er wie dieser goldene Haare haben. Es ist jedoch auch denkbar, daß er schwarzes Haar hat – so wie die goldene Tagessonne in der Unterwelt zur schwarzen Nachtsonne wird.

Die Wahl der Haarfarbe bei der Imagination des Meeresgottes zeigt, ob man eher seinen Sonnengott-Aspekt oder seinen Unterwelt-Aspekt hervorheben will.

Körper

Der Sonnengott-Göttervater-Meeresgott ist ein Krieger. Er hat folglich einen kräftigen, muskulösen Körper.

Er ist auch Tyr als Schmied, der sein bei seinem abendlichen bzw. herbstlichen Tod zerbrochenes Schwert neuschmiedet. Er hat folglich Schwielen an den Händen und könnte auch rußverschmiert erscheinen – wenn man diesen Aspekt hervorheben will.

Als Tyr im Jenseits sind ihm Hände und Füße abgeschlagen worden – alternativ sind ihm die Kniesehnen durchschnitten und die rechte Hand von Fenrir abgebissen worden. Diese Verstümmelungen werden jedoch nirgendwo über den Meeresgott berichtet. Man könnte jedoch an seinen Hand- und Fußgelenken die Narben dieser Wunden imaginieren – seine Hände und Füße wachsen ihm im Jenseits nach. Wenn man das Bild des wiedergeborenen Gottes vorzieht, sollte man hingegen auf die Imagination dieser vier Narben verzichten.

Der Meeresgott hat die schönsten Füße aller Asen und er ist als Himmelswanderer auch der ausdauerndste Läufer unter den Göttern. Man kann den Meeresgott also auch an seinen Füßen erkennen.

Auf einem der beiden Goldhörner von Gallehus wird der Sonnengott-Göttervater Tyr im Diesseits und im Jenseits dargestellt. Beide male wird sein auf seinem Herzchakra und auf seinem Wurzelchakra eine strahlende Sonne (Diesseits) bzw. eine strahlenlose Sonne (Jenseits) dargestellt. Diese beiden Chakren könnte auch bei dem Meeresgott strahlen, da das Herzchakra das Sonnenchakra ist und in dem Wurzelchakra die Kraft für die Wiedergeburt liegt.

Am Abend verwandelt sich der Sonnengott-Göttervater in einen Drachen und reist in dieser Gestalt durch die Unterwelt, um sich am Morgen wieder in einen Mann zu verwandeln. Er liegt auch als Drache in seinem nächtlichen bzw. winterlichen Hügelgrab. Man sollte daher in der kraftvollen Ausstrahlung des Körpers des Meeresgottes sein Drachenfeuer, also die Kundalini spüren können.

Kleidung

Es werden in den Texten keine besonderen Kleidungsstücke erwähnt. Daher wird der Meeresgott die übliche langbeinige Hose, das langärmlige Hemd, die geschnürten Schuhe und den weiten Umhang tragen. Seine Schuhe werden mit den Schuhen des Gottes Widar identisch sein, da auch dieser Gott einst der Sonnenwanderer gewesen ist. Sie bestehen aus den Resten des Leders, die man beim Schuhe-Nähen abschneidet, und sind mit Eisen verstärkt.
Als Priester trägt der Meeresgott einen Gürtel, die mehrfach erwähnten Handschuhe und einen Stab.
An seinem Gürtel trägt er eine Tasche, die seine wichtigsten Gegenstände enthält – von denen allerdings keiner bekannt ist.
Seine Kleidung könnte entweder in den Sonnenfarben weiß, goldgelb und ockerbraun gehalten sein oder die Farben des Meeres haben – blau, grün und braun. Vielleicht sind seine Hose und sein Hemd weiß mit einer goldgelben Borte – sie würden dann ausdrücken, daß der Meeresgott von seinem inneren Wesen her der Sonnengott-Göttervater ist. Äußerlich ist er im Meer, d.h. der Meeresgott – was man in seiner Kleidung durch einen grünblauen Umhang mit einer Borte z.B. aus weißen Muscheln ausdrücken könnte.

Waffen

Seine Waffen sind das Sonnenschwert und der Sonnenschild sowie der Sonnenhelm, die allesamt golden sind und golden leuchten. Wie von dem Göttervater Tyr bekannt ist, sind auf dem Griff seines Schwertes Drachen zu sehen und auf seinem runden Schild die Sonne – vermutlich als äußerer Ring und als acht von seinem kreisförmigen Zentrum ausgehende Strahlen.
Der Sonnengott-Göttervater kann sich dadurch, daß er seinen Ägir-Helm aufsetzt, in einen Drachen verwandeln. Daher sollte sich auch auf seinem Helm wie auf dem Griff seines Schwertes die Abbildung eines Drachen befinden.
Er wird sein Schwert an seiner linken Seite an seinem Gürtel tragen und seinen Schild an seinem linken Arm tragen. Evtl. hält er in seiner rechten Hand seinen Priester-, Zauber- und Seherstab, der u.a. auch das Symbol seiner Jenseitsreisen ist.
Möglicherweise trägt er auch eine Brünne, aber sie wird sowohl bei Tyr als auch bei

dem Meeresgott nirgendwo erwähnt oder abgebildet.

Gegenstände, die bei ihm stehen

Der Kult-Kessel des Meeresgottes wird mehrfach erwähnt und sollte bei ihm stehen. Als Schmied könnte der Meeresgott auch in der Nähe seiner Schmiede stehen.

die Halle des Meeresgottes

Die Halle des Meeresgottes steht auf dem Grunde des Meeres. Die Umdeutung dieser Meereshalle zu der Hafenstadt Noatun („Schiffsstadt") könnte ein recht junges Motiv sein und evtl. auf die Vorstellung der Jenseitsinsel zurückgehen, zu der der Sonnengott-Göttervater in seiner Sonnenbarke am Abend gelangt.

Seine Halle hat die dicksten aller Wände, da diese Wände die Mauer zwischen dem Diesseits und dem Jenseits sind – und weil sie die Felsplatten und die Erde sind, aus denen das Hügelgrab des Tyr errichtet worden ist.

An den Wänden der Halle des Meeresgottes, die sein Tempel sind, hängen viele schöne Schilde, auf denen die Mythen des Meeresgottes dargestellt werden.

In ihr stehen viele Tische und Bänke, an denen sich die Asen im Herbst versammeln, um gemeinsam ein Fest zu feiern. Man kann auch diese Asen mit Ägir als Gastgeber in dieser Halle imaginieren.

Auf den Tischen stehen Hörner, die mit dem Met gefüllt sind, der in dem Kessel des Meeresgottes gebraut worden ist.

Dieser Kessel steht der Stirnseiten der Halle, an der auch der Altar steht, auf dem der Eid-Ring liegt. Hinter dem Altar könnte ein Bild der Sonne zu sehen sein – evtl. in der Form eines goldenen Sonnenschildes. Dort könnte auch der Seherstuhl „Hlidskialf" des Göttervaters stehen.

Die Diener in dieser Halle sind Fimafeng und Eldir, die die zu Dienern umgedeuteten Alcis-Söhne des Göttervaters sind.

In der Halle laufen möglicherweise kleine, dreibeinige Tische umher – falls mit dem „sich selber servierenden Bier" diese von dem griechischen Schmiedegott Hephaistos bekannten Dreibein-Tische gemeint sein sollten.

Es wäre auch denkbar, die Halle mit aus Algen und Muscheln bestehenden Verzierungen zu imaginieren, aber das wäre vermutlich ein wenig zu phantasievoll – auch wenn es von der Symbolik her stimmig wäre. Korallen wären auf jeden Fall unpassend, da diese nur in den südlicheren Meeren heimisch sind.

Evtl. befindet sich außen an der Stirnseite der Halle ein Hirschkopf wie an der „goldenen Halle Heorot" („Hirschhalle") aus dem Beowulf-Epos, die den goldenen

Tempeln des Tyr nachgebildet zu sein scheint. Dies ist jedoch ein Tyr-Motiv und nicht primär ein Meeresgott-Motiv.

die Sippe des Meeresgottes

Die Sippe des Meeresgottes ist überschaubar: Im engeren Sinne umfaßt sie nur den Sonnengott-Göttervater selber, der in der Wasserunterwelt zum Meeresgott wird, und die Jenseitsgöttin.

Der Vater des Meeresgottes, also der Meeresgott am vorigen Tag bzw. im vorigen Jahr ist Yngvi. Der Sohn des Meeresgottes, also der Meeresgott am folgenden Tag bzw. im folgenden Jahr ist Freyr.

Die Jenseitsgöttin erscheint als die Frau des Meeresgottes: Ran, Aurboda und Skadi. Aufgrund der Wiedergeburtssymbolik kann sie auch als seine Tochter angesehen werden: Gerdr, Freya, Skadi und Nanna sowie die neun Töchter des Ägir, des Hler oder des Niörd.

Wenn man die ursprüngliche Symbolik aufgreifen will, steht hinter dem Meeresgott ein älter, ihm gleichender Gott und vor ihm ein jüngerer, ihm gleichender Gott. Hinter ihnen ist die Jenseitsgöttin zu sehen, die die Mutter dieses Gottes ist, der zyklisch stirbt, sich mit ihr vereint und dann von ihr wiedergeboren wird.

Dadurch, daß das Motiv entstanden ist, daß die Göttin nicht den Gott, sondern auch sich selber wiedergebiert, hat sie zwei Kinder: den Gott und die Göttin, die Geschwister sind. Wenn man dieses Bild vorzieht, kann man drei Generationen hintereinander imaginieren: hinten Yngvi und seine Schwester, in der Mitte Njörd und neben ihm Nerthus, und vorne Freyr und Freya.

Die zu neun Göttinnen vervielfältigte Jenseitsgöttin („9" = „zum Jenseits gehörend") wurde in späterer Zeit zu neun Riesinnen, die auch als die Töchter des Tyr-Riesen Hymir angesehen wurden, die den Niörd, als er die Wanen-Geisel bei den Asen war, mißbraucht haben. Doch dieses Motiv stammt aus sehr später Zeit.

die Landschaft

Die Landschaft, in der sich diese ganze Szene befindet, ist entweder der Meeresgrund oder die Hafenstadt Noatun auf der Jenseitsinsel. Rund um die Halle des Meeresgottes ist ein durch einen Zaun oder eine Mauer befestigter Bereich, der „Gymirsgard" genannt wird. Er wird von Hunden bewacht.

Vom Meer her sind die Schreie der Seemöwen zu hören. Der Wind trägt den Geruch des Salzwassers und des Tangs herüber.

Im Hintergrund ist der Wald „Barri" („Nadelwald") zu sehen, der mit dem Jenseitsgrenzen-Wald „Myrkvid" („Düsterwald") identisch ist.

Überall im weiten Land stehen die „hundert Tempel" des Meeresgottes.

VI Zugang zu dem Meeresgott

Der Zugang zu dem Meeresgott Ägir-Gymir-Hler-Niörd ist so ähnlich wie für die meisten anderen Gottheiten auch:

Es gab zunächst einen Anlaß, der dazu geführt hat, daß man diesen Gott näher kennenlernen wollte (und deshalb u.a. dieses Buch gelesen hat).
Durch das Betrachten der Mythen dieses Gottes wird seine Kontur deutlicher. Wenn man diese Mythen nicht nur mit dem Verstand untersucht, sondern auch in diese Mythen hineinspürt, kann man auch die Bedeutung dieses Gottes für die Nordgermanen fühlen.
Wenn es der eigenen Vorgehensweise entspricht, hilft eine eigene Zusammenfassung dieser Mythen, um sie sich zu eigen zu machen und sie in sich selber lebendig werden zu lassen.
Eine Betrachtung, wo es im eigenen Leben in irgendeiner Form schon eine Begegnung mit dem Meeresgott gegeben hat, gibt dem Bild des Ägir, des Gymir, des Hler und des Njörd eine persönliche Bedeutung:

> Was fühle ich, wenn ich am Meer sitze?
> Was fühle ich, wenn ich einen Fisch fange?
> Was fühle ich, wenn ich die Sonne im Meer untergehen sehe?
> Wie ist es, in einem Schiff über das Meer zu fahren?
> Bin ich schon einmal in Seenot gewesen oder fast ertrunken?
> Was haben Menschen, die mir nahestehen, mit dem Meer erlebt?
> Was fühle ich, wenn im Wasser des Meeres tauche?
> Wie unterscheidet sich das Meer an verschiedenen Orten? An der Nordsee, in der Bretagne, in Schottland, an der Adria, am roten Meer, an den Kanarischen Inseln, in der Karibik?
> Was fühle ich, wenn ich in einer Höhle am Fuß einer Klippe sitze, in die die Meereswellen hineinwogen und ich mich dort dem Meer öffne?

Wenn man das Meer um etwas bittet, wird die Verbindung zu dem Meeresgott sehr viel direkter. Was hat er einem als Antwort gesendet?
Der Meeresgott wird sofort sehr viel realer, wenn man am Meer steht, seine Hand in das Wasser hält und ihn anspricht – nicht nur innerlich, sondern mit laut ausgesprochenen Worten.
Mann kann auch ein Gedicht über ihn schreiben, ihm eine Hymne schenken oder eine Geschichte über ihn verfassen, wenn das dem eigenen Naturell entspricht …
Durch eine Traumreise zu dem Meeresgott wird er sehr viel realer – und man erfährt Dinge, die man vorher nicht geahnt hat.

Schließlich kann man den Meeresgott anrufen und invozieren, d.h. sich mit ihm identifizieren. Dies kann einfach ein Wechsel des eigenen Bewußtseins in das Bild des Meeresgottes auf einer Traumreise oder in einer Meditation über ihn sein; es kann auch ein Ritual sein, bei dem man den Meeresgott zunächst vor sich imaginiert und ihn beschreibt und dann allmählich mit seinen Worten von der „Du-Form" zu der „Ich-Form" übergeht, sodaß man als der Meeresgott selber spricht. Was dann geschieht, läßt sich nicht mehr voraussagen, da dann der Meeresgott durch einen selber spricht und handelt.

Spätestens ab diesem Erlebnis beginnt der Meeresgott dann zu etwas Realem im eigenem Leben zu werden, zu jemandem, mit dem man sprechen kann, den man um Hilfe bitten kann, der einem Dinge zeigen kann, die man noch nicht kannte, und der den eigenen Horizont deutlich erweitern kann …

VIII   Hymnen an den Meeresgott

Die folgenden Hymnen sind keine Originaltexte, sondern Neuschöpfungen. In ihnen sollen die Dinge, die über den Meeresgott bekannt sind, in dem lyrischen Stil der Nordgermanen zusammengefaßt werden. Diese Verse können als Anrufungen, für Bitten, in Ritualen u.ä. verwendet werden.

Man kann sie so benutzten, wie sie hier vorliegen, aber es ist sinnvoll, sie dann, wenn man den Impuls dazu verspürt, entsprechend den eigenen Vorstellungen so zu kürzen, zu erweitern oder umzuformen, daß sie das ausdrücken, was man selber spürt, erlebt hat oder anstrebt.

VIII 1.   Die Mythen des Meeresgottes

VIII 1. a)   An den Meeresgott

„Niörd, wer bist Du? Herr von Noatun,
noch weiß ich wenig von Dir." –
„Der Herr der Meeres, der Hüter der Häfen,
der Helfer der Helden auf den hölzernen Rossen[1].
Mein Tor ist das Delta, mein Seite der Strand,
mein Wagen ein Schiff, mein Handschuh der Schwamm[2].
Ich bin die Tiefe, ich bin die Weite,
Ich bin die Kälte, ich bin die See."

„Niörd, wer bist Du? Herr von Noatun,
nenne mir bitte Deine Namen." –
„Niörd bin ich und Nepr, Nirdir,
Nökkvi und Nicor nennt man mich.
Hler ruft man mich, Gymir heiß ich,
ich höre auf Ägir, auf viele Namen.
Der Gott des Heimes der großen Wale[3],
der Geber der Fische – das bin ich."

---

1 hölzerne Rosse = Schiffe
2 Es gab im Meer eine Schwammart, die „Handschuh des Niörd" genannt wurde.
3 Heim der Wale = Meer

„Wo wohnst Du, Gymir? Wo lebst Du?
Wo steht Deine hohe Halle?" –
„Gymirsgard heißt mein Gut,
Ganz umgeben ist es von Hecken.
Hlesey heißt die felsige Insel,
die Halle mit den dicksten Mauern
steht dort am Brandungs-feuchten Strand,
strahlt im Licht der Abendsonne."

„Ägir, erschreckend siehst Du aus,
Entsetzen packt mich vor Deinen Köpfen!" –
„Neun Häupter hat der nasse Nicor,
Nun Köpfe hat der feuchte Nökkvi.
Die neun Häupter sind nur einer,
Die neun Köpfe sind ein einziges Haupt.
Sie zeigen, wo ich bin – siehe:
schwimmend durchquere ich Rans Reich[4]!"

„Hler, hilf mir, Dich zu verstehen,
höre mein Bitte – ich will Dich sehen!" –
„Die Sonne bin ich, in der See versunken,
Schwarz in der Nacht, golden am Tag.
Ich bin der alte Ase ohne Makel,
am Morgen bin ich jünger als am Abend.
Ich bin Niörd im nördlichen Noatun,
nur die Toten und Priester kommen zu mir[5]."

„Hler, Hüter der Rentiere des Haki[6],
Ich heische Weisheit, sprich bitte zu mir!" –
„Ich bin der trefflichste der tapferen Götter,
Ich kenne das Tor zu Niflheim.
Die Nacht ist der Saal des Nicor,
ich lege mich nieder im eisigen Winter.
Sprich drei wahre Worte zu mir,
wenn Du meine Halle betreten willst!"

---

4 Rans Reich = Meer
5 Noatun ist auch das Jenseits – deshalb gelangen nur der Sonnengott-Göttervater, die Toten und die Schamanen-Priester dorthin.
6 Haki = ein Seekönig (Wikinger-Fürst); dessen Rentiere = Schiffe

„Wogenlenker, wer bist Du wirklich?
Wellentreiber, was ist Deine Quelle?" –
„Ich bin der Gott des Sonnenlichtes,
das goldene Schwert ist in meiner Hand.
Ich bin der Regin des Sonnenschildes,
der goldene Helm ist auf meinem Haupt,
der seinen Träger in eine Schlange verwandelt,
in den schimmernden Drachen in den Fluten."

„Algenbekränzter, Ägir der Alte,
all Dein Wesen will ich erkennen!" –
„Meine Wahrheit ist der Wandel:
mein Weg ist Leben und Tod und wieder Leben.
Drei Monde am Meer und neun in den Bergen
einmal bei Niörd und einmal bei Skadi.
Niörd und Nerthus werden Freyr und Freya –
danach dann wieder Niörd und Nerthus."

„Mehr möchte ich wissen über den Wandel,
Magst Du mir Weisheiten spenden, Wogen-Wane?" –
„Ölvaldi war ich, Thiazi hieß ich,
Baldurs Wege kenne ich,
Niörd werde ich oft genannt,
niemand hat noch nicht von Odin gehört.
Diese alle bin ich – der Diar,
der Wanderer, der Wandel."

„Was sind Deine Gaben, Wellen-Ase?
Was willst Du uns gewähren, Ägir?" –
„Der Förderer des Fischfangs bin ich,
der Fürst der Schätze und des Wohlstands.
Ich bin der frohe Freund des Friedens,
den Freyr unter euch verbreitet.
Ich bin der Geber der guten Ernten,
der Gedeihen den Feldern bringt."

„Bist Du noch mehr, Bringer des Guten?
Bewahrst Du in Dir noch mehr Gaben?" –
„Ich bin der Regin[7] des Ring-Eids im Tempel,
ich bin der Rater[8] in der Not.
Ich bin der Hüter der heiligen Orte,
der Helfer der Hilflosen, die mich bitten.
Ich bin der Magier, der Mutige, der Weise,
der die mächtigen Lieder, die Zauber kennt."

„Magst Du mir Deine Sippe nennen, Meeres-Ase?
Möge sie uns immer wohlgesonnen sein!" –
„Ich bin der Gatte der Gischt-gekleideten Ran,
ich bin der große Sohn des gewaltigen Yngvi;
Ich bin der Erzeuger des edlen Eldir,
Mein Erbe ist der kühne Fimafeng.
Freyr und Freya sind meine Kinder,
Vater bin ich von neun Töchtern."

„Darf ich Dich fragen, Herr der Delphine,
wen Du als Gattin Dir gewählt hast?" –
„Ran heißt sie, die Riesin des Meeres,
die Regin heißen sie auch Aurboda;
Gyma wird sie genannt, die Große,
gewiß ist sie auch als Skadi bekannt,
Thiazis Tochter wählte den Gatten
vor Tagen: den, der die schönste Füße hat."

„Neun Töchter sind in Deinem Tempel,
Träger der Schiffe, magst Du mehr sagen?" –
„Neun Frauen des Ägir, des Niörd und des Hler:
nicht sind sie verschieden, die Töchter der Ran.
Neun Frauen der Menglöd im Niflheim-Tempel[9],
nicht sind sie andere als diese Töchter.
Wogen sind sie, Wellen sind sie,
Wütend sind sie, doch auch friedlich."

---

7   Regin = König (keltisch: Rig; lateinisch: Rex; indisch: Radscha)
8   Rater = Ratgeber, Gott
9   Niflheim = Jenseits; Jenseits-Tempel = Halle der Hel, Saal der Freya-Menglöd

„Kannst Du mir ihre Namen nennen,
Niörd von Noatun, Weiser der Wanen?" –
„Hrönn die Schäumende, Hefring die Wogende,
Himingläva der Himmelsglanz;
Bylgia die Schwellende, Bara die Tragende,
Blodughadda mit Blut im Haar;
Die Woge ist Dufa, die Welle ist Udr,
windkalt und eisig ist Kolga."

„Wer sind diese neun Töchter, Ase des Wandels?
Was ist ihr Wirken, was ihr Weben?" –
„Neun sind eins und eins ist neun,
nicht sind sie viele, sondern eine:
Gerdr Gymir-Tochter, Skadi Thiazi-Tochter,
gewiß auch Freya Niörd-Tochter;
Nanna, Tochter des Nepr, Tochter des Nökkvi;
und ich, Niörd, bin Nepr und Nökkvi."

„Wer ist diese eine, die neunfach wirkt?
Woher kommt sie, die Maid des Meeres?" –
„Sie ist die gütige Göttin im Jenseits,
sie gibt des Nachts die Geburt der Sonne;
Sie ist die Asin in der Halle der Algen,
alle Ertrunknen nimmt sie auf;
Sie ist die Mutter des Tyr, des Thiazi,
treu führt sie ihn morgens zum Himmelstor."

„Ich hörte, Du hättest zwei Brüder –
habe ich diese Kunde richtig vernommen?" –
„Hler, der Sohn des hehren Fornjot bin ich,
der Herr des Meeres, der Gott in der See;
Logi, mein Bruder, ist der Lodernde,
das leuchtende Feuer, die rote Flamme;
Kari, unser Bruder, ist der Kühne,
kalter Wind und Wintersturm."

„Weiter hörte ich sagen ein Wunder,
ein Widder könntest Du werden! Ist das wahr?" –
„Gymir ist ein Gehörnter, das ist gewiß,
gewaltig ist seine Zeugungskraft.
Er ist Heimdall der Himmelswächter,
hoch oben kämpft er mit Loki,
auch er schlüpft in das Fell des Schafbocks;
schrecklich ist ihr Streit anzuseh'n!"

„Kannst Du mir mehr dazu künden,
kaum etwas hörte ich je dazu sagen." –
„Neun Töchter des Niörd, des Ägir,
neun Mütter des Heimdall, des Tyr;
Der Schafbock der Zeugung, das Schaf der Geburt,
Sohn der Göttin, Vater der Asin:
Es hat keinen Anfang, es hat kein Ende,
Es ist ein Kreis von Sterben und Werden."

„Ich ahne, was Du weiser Ase sagst:
es ist alles ein endloser Wandel." –
„Skadi ist Thiazis starke Tochter,
die Erbin des Thrym ist meine Frau;
Sie ist meine Mutter, meine Tochter
und sie ist mehr: sie ist die Erde,
die alles gebiert, wieder und wieder,
in allem Wandel ist sie das, was bleibt."

„Mir wurde erzählt von einer Esse im Meer,
mächtiger Wane, darf ich dem glauben?" –
„Ich bin Tyr in der tosenden See,
die tote Sonne in der Nacht;
Ich bin Thiazi auf der Toteninsel,
die Teile meines Schwertes füg' ich zusammen;
Ich bin der Gott des Meeres, der gute Schmied,
die goldene Sonne im Nebel des Jenseits."

„Ich vernahm, was ich kaum glauben mag,
mächtige Asen kämpften gegen starke Wanen!" –
„Die Götter des Südens zogen zur Schlacht
gegen die gewaltigen Wanen des Nordens,
doch keiner war stärker, keiner gewann,
konnte den Sieg ganz erringen.
Da schlossen sie Frieden auf dem Feld,
um ein Stamm zu werden, eine Sippe."

„Hat der Frieden gehalten?
Hörten die Kämpfe dann auf?" –
„Niörd war die Geisel bei den großen Asen,
die Regin gaben Mimir zu den Wanen;
doch Mimir der Mächtige wurde getötet,
man hieb ihm das Haupt ab –
so starb der König der starken Wanen,
er stürzte ins Meer – und wurde ich."

„Regin, nun stellst Du mir ein Rätsel,
hilf mir, es zu richtig zu raten!" –
„Surtur ist die Sonne, die täglich stirbt,
der Scheinende ist Tyr und Mimir;
Als Odin von Süden nach Norden strebte,
besiegte er den Hrungnir, den Iwaldi,
und wurde selber der große Göttervater –
Geirröd wurde zum Riesen, zum Gott der See."

„Die Skalden singen Lieder über Dich
und über Skadi, darüber, wo ihr wohnt." –
„Drei Monde am Meer – das ist das Diesseits,
neun Monde im Gebirge – das ist Niflheim.
Einst war dies der Rhythmus des Jahres,
doch dann wurde er zum einfachen Streit
zwischen zwei Göttern, zwei Regin,
ein Zank um Möwen und Wölfe."

„Die Skalden singen noch mehr über Dich,
sie loben Dich als Vater der Könige." –
„Ich bin Thiazi, Thrym, die Sonne,
Ich war einst Tyr, der Vater der Götter;
Der Sohn kam zu mir, wurde König,
kein Fürst herrschte ohne mein Ja.
Sie waren meine Kinder und die der Skadi,
Sie waren Söhne der Sonne, Erben des Tyr."

VIII 2. Bitten an den Meeresgottes

VIII 1. a) Bitten an Niörd

Gott der Gifu-Rune[10], Niörd,
Gefiuns Freund[11], Noatun-Ase –
gib meinen Gärten große Fülle,
gewähre meinen Äckern gute Ernten,
gib meinen Feldern reichlich Korn,
gewähre meinen Hainen gute Früchte;
laß meine Geldtasche stets voll Gold sein,
laß mich über genügend Schätze gebieten!

Gebieter der Getreide-Kammern,
Gott des Wohlstands und des Friedens –
Du schützt die Gärten durch ein Gatter,
Du hegst die Pflanzen durch Galdr-Gesänge[12],
Du schützt das Gemüse auf den Feldern,
Du hegst die grünen, heilenden Kräuter;
ich danke Dir für Deine große Gaben,
ich danke Dir für Deine gold'nen Garben!

---

10 Gifu-Rune: die Rune des Gebens, des Wohlstands und des Gedeihens; der Stabreim in diesen beiden Strophe ist daher durchgehend das „g"
11 „Gefion" bedeutet „Geberin, Spenderin" und ist ein Beiname der Erdgöttin. Sie wird hier nur wegen ihres ähnlichen Charakters als „Niörds Freundin" bezeichnet.
12 Galdr-Gesang = Zaubergesang

IX   Traumreisen zu dem Meeresgott

Da es einen deutlichen Unterschied zwischen Ägir/Gymir/Hler und Niörd gibt, ist es sinnvoll, zu allen Göttern Traumreisen zu unternehmen, um diesen Unterschied durch die Erlebnisse auf den Traumreisen evtl. noch deutlicher erfassen zu können.

IX 1.   Traumreisen zu den Asen-Meeresgöttern

Die drei Meeresgötter Nepr, Nökkvi und Nicor sind hier zusammen mit Ägir, Gymir und Hler aufgeführt, da sie ihnen ähnlicher sind als den Göttern Niörd und Nirdir. Eine traditionelle Zuordnung von Nepr, Nökkvi und Nicor zu den Asen oder den Wanen ist jedoch nicht bekannt.

IX 1. a)   Traumreise zu Ägir

„Ägir, ich würde Dich gerne kennenlernen."
„Dann komm!"
„Wohin?"
„Nun – zu mir ..."
Ich sehe einen Strand vor mir ... es ist ein flacher Sandstrand ... es ist kühl, der Himmel ist bedeckt ... das Hinterland ist flach ... grasig ... das könnte an der Nordsee sein ...
„Was soll ich tun?"
„Komm ins Wasser."
Ich gehe hinein – das Wasser ist ziemlich kalt.
... ...
Ich bin ein bißchen ratlos – soll ich tauchen? ... Nein. ... Schwimmen? ... Auch nicht. ... Mich zu einem Ort wünschen? ... Ja. ... Ich wünsche mich zu Ägir.
... ...
Hm – da ist, glaube ich, eine Halle.
... ...
Also, irgendwie ist der rote Faden hier noch unklar. Ich fühle mich nicht wirklich geführt.
„Ägir?"
„Ja?"

"Ich würde Dich gern sehen können."
Er zeigt mir, daß ich meine Hände auf meine Augen legen soll und meine Hände dann seitlich wegziehen soll. Das ist wie einen Vorhang öffnen.
... ...
Ich bin auf einmal in einer Halle. Es ist hell, sie ist von Feuern erleuchtet. Mehrere? ... Ich weiß nicht – eins sehe ich jedenfalls deutlich in der Mitte des Raumes. Die Halle ist aus Holz.
Eine lange Pause, in der nichts geschieht und in der ich nichts Neues sehe ...
"Warum ist das so zäh?"
"Du bist nicht ganz bei der Sache."
"Also gut ..."
Eine zweite, sehr lange Pause ...
"Hm ... ... hm ... ... Ich kann Dich immer noch nicht sehen. ... Ich kann Dich spüren. ... Es hat etwas Kaltes und etwas Trübes – aber das ist vielleicht einfach das Wasser des Meeres. ... Möchtest Du mir etwas sagen, Ägir?"
Längere Pause ...
"Hm ... ..."
Es passiert einfach nichts.
"Ägir, ich höre mal auf und komme dann später noch mal."
"O.k. – bis dann!"
Ich kehre zurück.
"Ho!"

IX 1. b) Traumreise zu Hler

"Hler, ich würde Dich gerne kennenlernen."
Das fühlt sich genauso an wie bei Ägir ...
"Kann ich Dich auf Deiner Insel treffen, Hler?"
"Ja."
"In Deiner Halle mit den dicken Mauern?"
"In meinem Hügelgrab, ja."
Ich wünsche mich dahin. Ich bin vor dem Hügelgrab. Ich gehe durch den Gang in das Grab hinein.
Lange Pause ...
"Warum liegst Du in dem Hügel? ... Liegst Du? ... Du stehst in Deinem Hügelgrab. ... Ist das der Ort, an dem Du nachts bist? ... ... Bist Du Tyr in der Nacht oder im Winter?"
"Ja."

... ...
„Gibt es etwas, was Du mir sagen oder zeigen möchtest?"
„Nein."
„Nein?"
„Nein."
„Kannst Du mir sagen, was hier los ist? Warum es so zäh ist?"
„Du wirst es schon noch herausfinden."
„O.k. ... Dann bis dann."
„Gut."
Ich kehre zurück.
„Ho!"

Jetzt beim Aufschreiben frage ich mich, ob diese Traumreise einfach deshalb so zäh ist, weil sie in die Unterwelt führt.

IX 1. c)   Traumreise zu Gymir

„Gymir, ich würde Dich gerne kennenlernen."
...
„Dann setz' Dich ans Meer."
„O.k."
Ich bin wieder an dieser Nordseestrandstelle wie vorhin bei Ägir. Dann wechselt die Szenerie aber zum Mittelmeer. Es ist eine felsige Küste und ganz klares Wasser.
Sehr lange Pause ...
„Hm ... ... hm ... ... Möchtest Du mir etwas zeigen, Gymir? ... ... Oder etwas sagen?"
...
„Nein."
„Was ist das? Ich habe so etwas noch nie erlebt."
„Das liegt an Dir."
„Hm. Na gut."
Ich kehre zurück.

IX 1. d)   Traumreise zu Nicor

„Nicor? ... Ist es bei Dir dasselbe?"
„Nein. ... Komm!"
„O.k."
Längere Pause ...
  Ich bin in einem Hügelgrab ... Es ist ein bißchen, als wenn das Hügelgrab unter Wasser wäre. ... Ich bin in dem Hügelgrab ... es fühlt sich ein bißchen an wie eine Schwitzhütte – oder wie eine Biberburg.
... ...
  In der Mitte ist etwas, das gleißend weiß leuchtet.
„Was ist das, Nicor?"
„Das bist Du."
„Ich? ... Wieso ich? ... Ist das nicht Tyr in der Unterwelt?"
„Das bist Du."
„Hm ... In welcher Weise bin ich das?"
„Das ist Deine Seele."
„Meine Seele? ... Die sieht sonst eigentlich anders aus, wenn ich sie sehe."
...
„Geh dahin!"
„Gut."
... ...
  Das Licht ist hart ... ja ... doch, schon ... eindeutig, unwandelbar ... entschieden ... entschieden in der Absicht ... es hat etwas Unbeirrbares – so könnte man es sagen ... und was sehr Intensives ... ...
  Ich schaue, ob ich das in mich hineinlassen kann.
... ...
  Ich bin mir nicht so sicher, ob ich das will ... Ich bin mir nicht sicher, ob das meine Seele ist ... Es ist eher wie das Vajra-Licht aus den tibetischen Meditationen ...
„Nicor – was ist das denn?"
„Das bist Du."
„Das bin ich? ... Hm ... Und wieso bin ich hier drinnen?"
„Weil das hier die Mitte ist."
„Und Du, Nicor? Was bist Du?"
... ...
„Ich bin in der Unterwelt."
...
„Bist Du der tote Göttervater?"
„So was ähnliches – ich bin alle Toten und auch der Göttervater."
„So etwas wie das Urbild der Toten?"

„So könnte man das nennen."
„Und die Toten – sind die dieses Licht?"
„Die werden dieses Licht."
„Hm ... das ist komisch."
... ...
„Geh' noch zu den anderen – dann verstehst Du's besser."
„O.k. Dann tue ich das. Danke, Nicor!"
Ich kehre zurück.
„Ho!"

IX 1. e) Traumreise zu Nepr

„Nepr, ich würde Dich gern kennenlernen."
„Du bist schon dabei. ... Komm zu Nanna."
„O.k."
... ...
„Bist Du Nannas Vater?"
„In mythologischen Begriffen gesprochen kann man das so nennen. ... Nanna ist die Mutter, wie ihr Name schon zeigt. ... Ich bin die Toten, die zu ihr gehen, sich mit ihr vereinen und wiedergeboren werden."
„Dann bist Du auch nicht speziell der Göttervater, sondern die Toten allgemein?"
„Ja."
„Und die sind in der Wasserunterwelt?"
„Ja."
„Wie Tyr?"
„Ja."
...
„Magst Du mir etwas sagen?"
„Nein, ich werde Dir nichts sagen – ich werde etwas in Deinem Leben tun."
„Hm ... ja, gut."
„Kannst Du was dazu sagen?"
„Es wird Dich mehr zu Dir selber bringen."
„Das ist mir willkommen. ... Gibt es hier noch etwas, was ich sehen könnte?"
„Es gäbe so manches, aber es ist gerade nichts relevant davon."
„O.k. Dank Dir, Nepr!"
„Bitteschön."
Ich kehre zurück.
„Ho!"

IX 1. f) Traumreise zu Nökkvi

„Nökkvi, ich würde Dich gerne kennenlernen."
„Das hast Du schon. ... Ich bin niemand anderes als Nepr und als Nicor. Ich habe nur eine klarere Gestalt in der Überlieferung. Ich bin der Meermann."
„So mit Fischschwanz?"
„Ja."
„So einer wie der, der in der Half-Saga vorkommt?"

(siehe das Kapitel „Meermenschen" in Band 36)

„Ja."
...
„Was bist Du?"
„Die Toten in der Wasserunterwelt."
„Die ertrunkenen Seeleute?"
„Das ist ein neueres Bild. Früher gingen die Toten mit der Sonne ins Meer."
„Aha ... Und daraus wurde dann die Insel statt der Wasserunterwelt?"
„Ja."
... ...
„Und Du bist das Urbild dieser Toten und des Meeresgottes?"
„Mehr das der Toten ..."
„O.k. ... Ich danke Dir, Nökkvi!"
„Bitteschön."
Ich kehre zurück.
„Ho!"

IX 1. g) zweite Traumreise zu Ägir

„Ägir?"
Ich sehe ihn auf einem Hochsitz in seiner Halle. ... Er hat einen grauweißen Bart ... langes, grauweißes Haar ... Er sieht gleichzeitig stark und müde aus. ...
„Ich bin die Sonne in der Nacht – was erwartest Du da anderes?"
...
„Und Du sitzt da die ganze Nacht?"
„Nein – nur wenn jemand kommt."
„Gibt es hier etwas, was ich verstehen könnte oder das gut für mich zu begreifen wäre?"

... ...
„Für Dich – ja. ... Schau mehr nach Deinen Bedürfnissen ... und nimm' die Seelenbegegnungen mit anderen Menschen nicht ganz so wichtig."
„Ah ... hm ... Heißt das mehr auf die drei unteren als auf die drei oberen Chakren achten?"
„Wenn Du es so ausdrücken möchtest, ja."
...
„Gut. ... Gibt es etwas, wovon Du gerne hättest, daß ich es noch in mein Buch schreibe?"
...
„Die Schilderungen stimmen – die sind o.k. so. ... Versucht mal, das Meer als Lebewesen zu sehen."
...
„Als Lebewesen?"
„Ja."
...
„So wie die Erde als Ymir oder als Gaia?"
„So in der Art."
„Und das bist dann Du?"
„Ja."
Großer Seufzer ...
„Jetzt wo Du das sagst, sehe ich die ganzen Müllmassen, die im Meer herumschwimmen."
„Es ist gut, daß Du die da siehst – und es ist nicht gut, daß die da sind."
„Ja."
... ...
„Gibt es noch etwas, was Du mir sagen oder zeigen möchtest?"
„Reise nachher noch zu Poseidon und Neptun und Lir."
„O.k. ..."
...
„Soll ich auch einen von den germanischen Göttern einladen?"
„Mich."
„O.k. ... Gut ... Dank Dir!"
„Bitte."
Ich kehre zurück.

IX 2. Traumreisen zu den Wanen-Meeresgöttern

IX 2. a) Traumreise zu Nirdir

„Nirdir, ich möchte Dich kennenlernen."
„Reise zu Niörd – ich bin so gut wie dasselbe wie er."
„Wo ist der Unterschied?"
„Ich bin etwas mehr der Sonnengott-Göttervater in der Unterwelt. Ich bin Nepr und Nicor und Nökkvi ähnlicher als es Niörd ist. ... Ich stehe zwischen ihnen und Niörd."
„O.k. ... gibt es etwas, was Du mir sagen oder zeigen willst?"
„Geh' zu Niörd."
„O.k. Dann tue ich das. ... Danke!"
„Bitte."
Ich kehre zurück.

IX 2. b) Traumreise zu Niörd

„Niörd?"
„Ja?"
„Bist Du nur der Sonnengott-Göttervater in der Unterwelt oder bist Du noch etwas anderes?"
„Du hast es ja schon gemerkt – ich bin auch ein Wane."
„Und die Wanen – was sind die?"
„Das sind die Götter des Ackerbaus und der Viehzucht."
„Und deshalb die guten Ernten und das Gedeihen?"
„Ja."
„Und Sif?"
„Die Zuordnung von Freya, Freyr, und Niörd und sonst keinem zu den Wanen – die stimmt so nicht ganz. Die Asen kamen von Süden zurück – wir Wanen waren im Norden geblieben ... und manche Götter gab es zweifach, bei beiden – wie Sif."
„O.k."
... ...
Auch hier stockt es wieder auf so 'ne komische Art ...
„Wie kommt das?"
„Das ist heute so ein Tag ..."

„Na, gut ... "
„Gibt es etwas, wovon Du gerne hättest, daß es in meinem Buch über euch steht?"
... ...
„Schützt die Erde und schützt das Meer und schützt die Luft."
„Ja."
„Und geht vorsichtig mit dem Feuer um."
Ich sehe innerlich Bomben fallen.
„Hm ... Warum erwähnst Du die vier Elemente?"
„Nun – weil Du gerne in den vier Elementen denkst."
„Hm – ja gut, danke."
... ...
Dann reise ich jetzt wieder zurück.
„Dank Dir!"
„Bitte."
„Ho!"

IX 3. Traumreisen zu den west-indogermanischen Meeresgöttern

IX 3. a) Traumreise zu Poseidon, Neptun, Lir und Ägir

„Ägir ... Lir ... Poseidon ... Neptun ..."
Poseidon: „Wir sind zwar im Prinzip derselbe, aber das Meer hier im Süden ganz anders ist, haben Neptun und ich einen anderen Charakter."
...
„Poseidon, ich sehe Dich. Du hast einen langen, weißen Bart. Du hältst den Dreizack – er ist aus Silber und die drei Zacken sind aus Gold. ... ... Du bist so ... ehrwürdig ... Das habe ich bei Ägir garnicht so gesehen ..."
„Er kommt aus einem anderen Meer – er ist mehr ein Krieger."
Und Neptun? ... Er sieht schlichter aus ... weniger ehrwürdig ...
Lir? ... Er ist viel jünger ... er hat goldenes Haar, nicht weißes Haar wie Poseidon oder graues Haar wie Neptun und wie Ägir.
„Gibt es etwas, was ihr mir sagen möchtet?"
Poseidon: „Lernt von der Sonne: Sie wird jeden Morgen geboren, strahlt am Mittag hell, und stirbt am Abend ... und nachts ist sie in der Unterwelt. ... Lernt diesen Rhythmus: erschaffen ... wachsen lassen ... schwinden lassen, loslassen, auflösen lassen ... verwandeln und neu entstehen ... ... Das ist das Wertvollste, was wir euch zeigen können."
„Und ihr ... ihr könnt uns durch die Unterwelt führen?"
„Ja. ... Wenn ihr durch den Tod reisen wollt oder durch eure eigenen Schattenwelten, dann könnt ihr uns um Hilfe bitten."
...
„Ich fühle mich Dir am meisten verbunden, Poseidon."
„So ist es auch."
„Und ... ich nehme an, daß das bei anderen Menschen anders ist?"
„Gäbe es sonst uns vier?"
„Hm ... o.k. ... Schachmatt in einem Zug."
... ...
„Gibt es etwas, was ihr mit zeigen möchtet?"
„Nichts, was Du nicht schon gesehen und gehört hättest. ... ... Und nimm das Leben ein bißchen leichter – es hat nicht nur Tiefe, sondern auch Bewegung, etwas Tänzerisches, Spielerisches ... einfach genießen, was da ist."
„O.k. Ich glaube an dem Punkt bin ich manchmal etwas einseitig, ja. ... ... Darf ich Dich um einen Segen bitten, Poseidon?"
„Natürlich. ... Komm her."

Ich will mich vor ihm niederknien, aber das will er nicht. ... Er hüllt mich in sein klares Licht ein – das ist wie Sonnenschein, der durch das Meer flutet – so wie Sonnenschein ist, wenn man kurz unter der Meeresoberfläche taucht.
Poseidon lacht leise und freundlich vor sich hin.
„*Das fühlt sich gut an!*"
„*Nunja – Du hast den Neptun am Aszendenten ... da wirst Du Dich ja mit Poseidon verstehen ...* "
„*So kann man's sagen, ja.*"
Jetzt muß auch ich leise vor mich hin lachen.
„*Ich weiß zwar nicht wirklich, was Du mir da gegeben hast – aber es tut einfach gut!*"
Poseidon lacht wieder leise vor sich ihn.
„*Danke, Poseidon!*"
...
„*Möchtest Du mir noch etwas sagen, Lir? ... Du scheinst mir Poseidon am ähnlichsten zu sein ...*"
„*Ja, das bin ich. Nein, es gibt nichts, was ich Dir sagen müßte – das, was für Dich wichtig ist, hat Poseidon Dir gegeben. Und das, was an mir für andere wichtig ist, werden sie schon finden. Sie sollen einfach zu mir kommen.*"
„*O.k. ... Und Du, Neptun?*"
Er schüttelt den Kopf.
„*O.k. ... Danke!*"
„*Bitteschön.*"
Ich kehre zurück.
„*Ho!*"

Es scheint, daß die Traumreisen auch deshalb so zäh waren, weil ich zu Poseidon eine soviel bessere Verbindung habe als zu Ägir, Gymir, Hler und Niörd ...
Beim Aufschreiben fällt mir auf, das das Gefühl von „Unterwasser-Sonnenlicht", das ich bei Poseidons Segen gehabt habe, doch sehr genau dem „Sonnengott-Göttervater in der Wasserunterwelt" entspricht.

IX 3. b)   Traumreise zu Poseidon

Einige Tage später reise ich noch einmal zu Poseidon, weil ich ihn noch einige Dinge fragen möchte und weil ich das Gefühl habe, daß da noch etwas auf mich wartet – und einfach deshalb, weil es so gut getan hat, Poseidon zu begegnen.

„Poseidon, ich möchte noch einmal zu Dir reisen."
„Dann komm."
Ich sehe sofort die griechische Küste – die Felsen und dieses völlig klare Wasser, durch das die Sonne scheint.
„Wohin soll ich gehen?"
„Nun, komm ins Wasser."
Ich bin unter Wasser. ... Ich sehe Fische. ... Ich sehe Felshänge unter Wasser ... das Licht, das hier leuchtet ...
„Warum kommst Du?"
„Ich möchte Dich zunächst ein paar Sachen fragen."
... ...
„Dann frag."
„Waren die Traumreisen zu den germanischen Meeresgöttern so zäh, weil ich eigentlich eine Verbindung zu Dir habe und nicht zu ihnen?"
„Das hat einen Teil davon ausgemacht – der andere war, daß es für Dich einfach kein Tag für lange Reisen war."
„Hm ... gut ... Dann möchte ich Dich noch etwas fragen ... hm ... Das ist jetzt eigentlich mehr so eine mythenkundliche Frage ..."
Es fühlt sich ein bißchen komisch an, einem Gott eine nüchterne religionshistorische Frage zu stellen.
„Bist Du und Zeus und Hades drei Formen des Sonnengott-Göttervaters? Im Himmelsjenseits, in der Wasserunterwelt und in der Erdunterwelt?"
„Wir sind der dreifache Sonnengott, ja. Ursprünglich war das ein Bild für den Sonnen-Zyklus. Das hat sich bei verschiedenen Indogermanen verschieden differenziert. Bei den Germanen sind das die drei Stände geworden. Bei den Indern ist es der Zyklus geblieben – Brahma, Vishnu und Shiva ... obwohl auch der umgedeutet worden ist in die drei Phasen des Entstehens, Gedeihens und Vergehens – es ist nicht ganz der Zyklus selber geblieben."
„Jetzt hast Du mit wesentlich mehr gesagt als ich erwartet habe. Danke."
Großer Seufzer ...
„Ich habe das Gefühl ... ja, wie soll ich das sagen? ... daß Du noch etwas hast ... was mir guttun würde zu sehen oder zu erleben ... Darf ich ... danach fragen?"
„Natürlich darfst Du. ... Jeder sollte nach dem fragen, was für ihn förderlich ist. Und er sollte jeden danach fragen – egal, ob es ein Mensch, ein Tier, ein Gott oder

was auch immer ist. ... Sorgt für euer Gedeihen."

...

Großer Seufzer ...

„Jetzt, wo Du's sagst, merke ich, daß ich das anderen auch schon gesagt habe – aber da habe ich mich wohl mal wieder mit einem anderen Maßstab gemessen als die anderen."

„Komm mit."

... ...

Wir sind tiefer im Meer, weiter weg vom Land ... das ist irgendwie ... Richtung Kreta ... Es ist aber auf der Nordseite von Kreta, nicht auf der Südseite.

„Poseidon, bist Du mit Kreta verbunden?"

„Nun, das weißt Du doch. Ich habe doch dem kretischen König den weißen Stier gebracht, dessen Sohn dann der Minotaurus war."

„Ja."

... ...

„Hast Du Wurzeln in der Religion der Kreter?"

„Es gibt welche, aber es sind nicht viele – es sind eher Einzelheiten. Ich komme schon von den Griechen."

... ...

„Irgendetwas fühlt sich aber kretisch an."

Poseidon lacht leise vor sich hin.

„Das stimmt auch. ... Von der Kultur der Kreter ist einiges von der Grundstimmung bei mir. Ich bin weniger kriegerisch als Zeus und nicht so dunkel wie Hades. Das stammt aus der kretischen Kultur."

...

„Nun, das, was ich von der kretischen Kultur weiß, ist mir sehr sympathisch."

... ...

„Komm mit auf den Meeresboden."

... ...

„Ich kann Deine Halle spüren, aber ich sehe sie nicht."

„Du brauchst sie auch nicht zu sehen."

...

„Gut. ... Eigentlich weiß ich garnicht, was jetzt passieren soll."

„Das brauchst Du auch nicht zu wissen."

Da schwimmt links hinten ein riesiger Wal vorbei.

„Laß ihn schwimmen."

...

Der Wal will was.

...

„Bleib sitzen und warte."

... ...
   Der Wal verschluckt mich. ... Ich spüre, daß Poseidon innerlich sagt, daß ich einfach schauen soll.
   ... ...
   Mir fällt ein, daß zumindestens die Angelsachsen die Vorstellung hatten, daß der Sonnengott-Göttervater in der Wasserunterwelt zu einem Wal wird.
   ... ...
   Ich bin sehr lange Zeit einfach da und spüre ...
   Es ist ganz dunkel ... nein, nicht ganz dunkel ... es sind wie feine Lichtschimmer zu sehen ... und es ist still ... und ich liege einfach da ... und es gibt nichts zu tun ... es hat überhaupt nichts Bedrohliches, in diesem Wal zu sein ... ... es hat etwas Geborgenes ... es ist ... wie vor meiner Geburt im Bauch meiner Mutter ... nur weiter, es ist Raum um mich ... ... ich habe kurz innerlich Kontakt mit Poseidon aufgenommen – er ist noch da ... aber ich soll einfach bleiben, einfach schauen ... ... ich höre ... Poseidon? ... ich weiß nicht genau, ob er es ist ... die Worte sind: „Das Licht wird in der Stille geboren." ... ... Ich merke, wie sich Anstrengungen ... und Vorstellungen ... langsam lösen ... ... da sind noch einmal Worte: „Entspanne Dich wieder in Dich selber hinein." ...
   „Oh ja!"
   ... ...
   Großer Seufzer ...
   ...
   Mein Wurzelchakra wird langsam warm.
   ... ...
   Und ich merke, wie Anstrengung von mir abfällt.
   ... ...
   In diesem Teil der Traumreise ist alles sehr langsam. Ich liege sehr lange Zeit einfach da und spüre.
   ... ...
   Der Wal ... na, er spuckt mich nicht aus ... ich ... er läßt mich aus sich hinausgleiten ... ja ... das ist völlig mühelos ... ganz anders als ich meine Geburt in Erinnerung habe ... das ist einfach ... und natürlich ...
   ... ...
   Wieder eine sehr lange Zeit, in der ich einfach da bin und spüre ...
   ... ...
   Ich schwebe da im Wasser ... Poseidon ... sitzt da ein Stück vor mir ... er lächelt ... der Wal ist ein Stück hinter mir ... ... er kommt ein Stück näher, als ich an ihn denke, und ich kann mich an ihn anlehnen ... ... ich schaue einfach ... es gibt nichts, was ich tun müßte ... oder erreichen müßte ... ich bin einfach da ...
   ... ...

Ich habe plötzlich den Geschmack von reifen Erdbeeren im Mund! Hm?
...
Poseidon lächelt. Er spricht nicht, aber es kommt etwas innerlich an: „Das ist das Genießen, das Wahrnehmen."
...
Jetzt höre ich ihn richtig sprechen .. ne, es ist doch wieder ein „inneres Hören": „Es ist das Erkunden der Welt."
...
„Das ist nur ein Beispiel mit den Erdbeeren."
... ...
Ich habe das Gefühl, ich müßte etwas tun ... unter Wasser tanzen ... aber eigentlich ... eigentlich muß ich nichts tun ...
...
„Warte, bis der Impuls kommt."
Ich muß lachen – es kommt der Impuls, den Wal zu umarmen, was natürlich ein bißchen schwierig ist, weil der ziemlich groß ist ... aber ich tue es trotzdem ...
...
Ich muß wieder vor mich hin lachen – ich möchte Poseidon umarmen, auch wenn das ein bißchen verrückt klingt ... aber er lacht einfach und er umarmt mich auch ...
Und ich muß ganz breit lächeln, weil mich so eine Freude erfüllt!
... ...
Da ist ein Leuchten ... ein goldenes Leuchten ... das ist in mir ...
... ...
Das ist ähnlich wie das Licht des Poseidon, aber es ist nicht dasselbe.
„Das ist Dein Licht."
„Ja."
... ...
Ein angenehmer, entspannter, genießender Seufzer ...
... ...
Und noch einer ...
... ...
Ich bin einfach hier und fühle mich wohl ...
... ...
„Nimm das einfach mit Dir. ... Und damit meine ich kein angestrengtes Festhalten."
...
„Das habe ich schon gemerkt, ja."
...
„Und lade alles in Dein Leben ein, was Du genießen kannst."
...

Ich muß schon wieder vor Freude lachen ...
Ich halte die Hände auf ... und lade innerlich alles ein, alles Gute und Schöne ... Genußvolle ... Förderliche ... ...
Ein Stück vor mir steht Poseidon und schaut und freut sich.
... ...
„Danke, Poseidon, vielen, vielen Dank!"
Ich umarme ihn noch einmal ... und er mich.
...
„Alles Gute!"
„Danke, Poseidon! Ich weiß garnicht, was ich Dir wünschen könnte. Ich bin froh, Dich getroffen zu haben!"
„Das ist gut, ja."
„Bis dann!"
„Bis dann!"
... ...
Ich kehre zurück an die Meeresoberfläche an der griechischen Küste, setze mich dann noch einen Moment lang in die Sonne auf einen Felsen und schaue über das Meer ...
Ich muß wieder vor Freude lachen ... denn ich sehe ganz weit weg Poseidon aus dem Meer steigen ... mit seinem Oberkörper ... er hält seinen Dreizack ... und schaut zu mir rüber ... ich fühle, daß er lacht ... dann taucht er wieder unter ...
Dann kehre ich zurück.
„Ho!"

X Der Meeresgott heute

In den Traumreisen hat der Meeresgott selber gesagt, was das ist, was er heute sein kann: Vorbild und Helfer bei Verwandlungen und in Krisen, in denen man „stirbt" und anschließend wiedergeboren wird.

Der Meeresgott ist die Nacht-Seite des Sonnengott-Göttervaters Tyr.

Der neue Göttervater Odin, der bei den Nordgermanen um 500 n.Chr. die Führung übernommen hat, ist nicht der Gott, der sich verwandelt, sondern der Gott, der dem hilft, der sich verwandeln will: Er ist der Schamane und der Leiter der Mysterien.

Die Identifizierung mit Odin hilft, ein Schamane, ein Priester, ein Berater oder ein Therapeut zu werden – die Identifizierung mit dem Meeresgott hilft, selber zur Verwandlung bereit zu werden.

Es gibt natürlich auch die ganz pragmatischen Aspekte des Meeresgottes wie die Seefahrt und den Fischfangs, aber die Bereitschaft, das Alte loszulassen und auf das Neue zuzugehen, ist sicherlich deutlich wichtiger.

Verzeichnis der Themen

(die Zahl ist die Nummer des Bandes, in dem sich das Thema findet)

1 47	540 47	Alius 32	Aur 55
2 47	700 47	Alraune 45	Aurboda 35
3 47	800 47	Alsvatr 5	Aurgelmir 5
4 47	900 47	Alswid 34	Aurgrimnir 5
5 47	1.200 47	Althiof 7	Aurnir 34
6 47	10.000 47	Alvor 35	Aurvandil 20
7 47	432.000 47	Alwis 7	Aurwang 7
8 47	1+8=9=8+1 47	Alwit 31	Aurwang 48
9 47	**Adler** 40	Ama 35	Austri 32
10 47	Adler auf dem	Amboß 67	Auzon => Kiste
11 47	Weltenbaum 41	Amgerdr 28	Axt 66
12 47	Adler bei der	Ampfer 45	**Bafur** 32
13 47	Einweihung 40	Andad 34	Bakrauf 35
14 47	Adlergestalt:	Andhrimnir 39	Baldrian 45
15 47	- des Franmar 40	Andvari 7	Baldur 9
16 47	- des Hraesvelgr 40	Angantyr 39	Bara 35
17 47	- des Odin 40	Angeyja 35	Bari 6
18 47	- des Thiazi 40	Angrboda 26	Bari 20
20 47	Adler-Traum der	Ann 32	Baugi 5
22 47	Kostbera 40	Annar 20	Bär 43
23 47	Aelrun 31	Arm-Wunde 63	Bärenfell 62
24 47	Affe 44	Arngrim 6	Barke 49
28 47	Agdai 39	Apfel 45	Bärlapp 45
30 47	Ägir 10	Asen 36	Basilikum 45
32 47	Agnar 39	Asgard 52	Beifuß 45
33 47	Ahnen 36	Ask 39	Beinvidr 34
36 47	Ai 32	Aslaug 31	Bekkhild 31
37 47	Aki 6	Asperan 34	Beleidigungs-
40 47	Aki 16	Astralreise 50	Wettstreit 73
41 47	Alban 32	Asvid 6	Beli 5
46 47	Alberich 7	Atem 64	Beowulf 39
48 47	Albewin 7	Atla 35	Bergdis 28
72 47	Alcis 12	Atli 37	Bergelmir 6
80 47	Alf 6	Atward 20	Bergriese 6
90 47	Alf 32	Auchoff 34	Berg-Zwerge 32
99 47	Alfarin 34	Aud 20	Berling 32
100 47	Alfen 36	Auerhahn 40	Bertha 28
120 47	Alfhild 31	Auge 63	Berserker 62
300 47	Alfrigg 32	Augenbraue 63	Bertram 45

Bertramsgarbe 45	Bragi 19	Diurnir 7	Eiche 53
Besen => Stab	Bragi-Riesin 35	Dofri 34	Eicheln 45
besonderer Schrei 64	Brak 16	Dolgtrasir 32	Eichhörnchen 44
Bestattung 64	Brana 35	Donnerrebe 45	Eid 68
Bestla 35	Brandingi 5	Dori 32	Eik 28
Betonica 45	braun 46	Dorn => Schlafdorn 55	Eikinskjaldi 32
Beyla 39	Brenner 39		Eimer 67
Biber 44	Brezel-Ornament 64	Drachen 41	Eimgeitir 35
Biene 40	Brimir 33	Drachenblut => Drachen	Eimyria 35
Bifröst 49	Brisingamen 60		Einäugigkeit 63
Bifur 32	Brokk 32	Drachenschiff 55	Einheer 34
Bikki 16	Brombeere 45	Drasian 6	Einweihung 50
Bil 29	Brücke 49	Draupnir (Zwerg) 32	Eir 29
Bild 7	Bruderkampf 55	dreifarbiger Stein 67	Eir 31
Billing 5	Brüngerd 35	dreiköpfiger Riese 5	Eis 52
Billing 7	Brünhild 31	drei Riesinnen 35	Eisa 35
Bilsenkraut 45	Bruni 5	drei wahre Worte 64	Eisen 55
Birkhuhn 40	Bruni 32	Drifa 35	Eisenkraut 45
Biört 29	Brünne 66	dritter Bruder 55	Eisriesen 34
Björgolfr 6	Brunnen 49	Dröfn 35	Eistla 35
Björgulfr 34	Buri 34	Drossel 40	Eisurfala 35
Blain 33	Bryja 35	Drudgelmir 5	Eiymyria 35
Blapthvari 34	Bryla 34	Duf 32	Ekstase-Kieger 62
Blasebalg 67	Bryngerd 28	Dufa 35	Elch 42
blau 46	Buri (Zwerg) 32	Dufr 32	Eldhrimnir 57
Blau-Menschen 36	Buseyra 35	Dulin 32	Eldir 39
Blau-Riesen 36	Byggvir 39	Dumbr 6	Eldr 34
blau-schwarz 46	Byleist 20	Dunneir 32	Elefant 42
Blick 63	Bylgia 35	Durathor 32	Elendshaut => Hel-Haut
Blid 29	**Comandion** 7	Durin 32	
Blidur 29	**Dag** 48	Durnir 32	Else 35
Blind 16	Dagfinnr 32	Durnir 34	Erde 52
Blindheit 63	Dain 32	Düsterwald 49	Embla 28
Blodughadda 35	Dalar 32	Dwalin 32	Embla 39
Blutsbrüder 55	Dalr 32	**Eber** 42	Ente 40
Bödhild 28	Delling 20	Eberesche 45	Erce 20
Bogen 66	Delling 48	Edda (vollständig) 77	Erdbeben 55
Bömbur 32	Dellingr 32	Efeu 45	Erste Ursache 55
Bölthorn 5	Delphin 44	Egdir 5	Eschenholzkasten => Kiste 57
Borr 34	Dietwarta 29	Egil 39	
Botewart 7	Disen 36	Ei 40	Esel 42
Both 20	Distel 45	Eibe 45	Estroval 39

Eugel 7	Fiölvör 35	Frühlingstagund-	Geitla 35
Eule 40	Fiörgyn 20	nachtgleiche 54	Geitir 35
Eyrgjafa 35	Fiörgyn 23	Fulla 29	gelb 46
Faden 55	Fisch 44	Fullas Haarreif 60	Geliebter der Gefion 6
Fafnir (Zwerg) 32	Fjölverkr 34	Fullafle 34	Gerber-Schaber 67
Fährmann 49	Fjötra 29	Fundin 32	Gerdr 28
Fala 35	Flachs 45	Fuß 63	Geri 43
Falkenkleid:	Flegda 35	Fylgia 50	Gespenst 50
- der Freya 40	Fleur-de-lys 55	Fynir 6	Gestaltwandel =>
- der Frigg 40	Fleggr 34	Fynir 34	Verwandlung
Falke 40	Fliege 40	**Galar** 32	Gesang 68
Fallar 32	Fluch 68	Galarr 34	Gestilja 35
Farbauti 6	Flügel des Wieland 40	Galdr 64	Getreide 45
Farn 45	Flügelschuhe 67	Gallapfel 45	Gewöhnlicher
Farseti 6	Flugschuhe des Loki 40	Gandalf 32	Flachbärlapp 45
Faulheit =>	Fluß 49	Ganglati 34	Geysa 35
Feuersitzen 55	Freya 22	Ganglot 6	Gialar 32
Feima 35	frühe Skaldenlieder 78	Gangr 34	Gift 70
Fenchel 45	Freyr 15	Gangr 33	Gifur 43
Fenja 28	Fried 29	Gans 40	Gigas 6
Fenrir 6	Friedenszauber 6	Gänsefuß 45	Gilling 6
Fenrir 43	Fridr 29	Garm 43	Gillings Frau 28
Fernhypnose 64	Frigg 21	Gautan 39	Ginnar 32
Ferse 63	Folde 20	Gautrek-Saga => Snotra	Ginnungagap 49
Fessel 66	Fonn 34	Geban 20	Gjalp 35
Fessel-Zauber 64	Forat 35	Geburts-Orakel 64	Glamr 34
Feuer 55	Forelle 44	Gefäße 57	Glatundshundr 43
Feuersitzen 55	Fornjotr 6	Gefion 20	Glaumar 34
Feuerzauber 64	Forseti 19	Gefion-Geliebter 6	Glaumarr 34
Fialar 32	Frägr 32	Gefiun 20	Glaumr 6
Fid 32	Franmar 37	Gefjon 20	Glenr 48
Fieberkraut 45	Frar 32	Geist 50	Glitni 5
Fili 32	Freki 43	Geier 40	Glöd 35
Fimafeng 39	Frosti 32	Geirahöd 31	Gloi 32
Fimbulwinter 55	Frosti 34	Geiravör 31	Glück 64
Finger 63	Fruchtbarkeit 64	Geirdriful 31	Glückstrank 70
Finnalf 5	Fuchs 43	Geirönul 31	Glumra 35
Finnar 32	Frauenhaarfarn 45	Geirröd 5	Glymra 35
Finnmark-Riese 34	Frühling 54	Geirrota 31	Gna 29
Fiölkald 34		Geirskögul 31	Gneip 35
Fiölmor 39		Geitir 6	Gnepja 35
Fiölnir 20			

Goi 34	Grotunagard 52	Har 32	Hel-Haut 49
Gold 55	grün 46	Hära 35	Helidi 27
Goldalter 55	Gryla 35	Hardbeen 6	Hellebarde 66
Goldemar 7	Gudr 31	Hardgreip 35	Helreginn 5
golden 46	Gudrun 31	Hardgreipir 34	Helm 66
Goldhelm 66	Gudmund 5	Hardverkr 34	Hengikefta 35
Goldhörner von Gallehus 57	Gullnir 5	Harek Eisenkopf 6	Hengiköpt 6
	Gullveig 29	Harfe 57	Hengjankapta 35
Göll 31	Guma 35	Harz 45	Hepti 32
Golnir 5	Gundelrebe 45	Hase 44	Herbst 54
Göndul 31	Gunn 31	Hasel 45	Herbsttagundnachtgleiche 54
Gorr 34	Gunnlöd 28	Hastingi 34	
Görsemi 29	Gunnthinga 31	Hati 5	Herche 20
Götter 36	Gürtel 60	Hati 43	Herdentiere 42
Götterdämmerung 55	Gusir 6	Hattatal 77	Herdentierfell 42
Götterkampf 55	Gygr 35	Haudr 20	Herfjötur 31
Göttermet 69	Gylfaginning 77	Haugspori 32	Hergrim Halbtroll 5
Götter-Tiere 44	Gyllir 5	Haym 34	Hergunnur 35
Gottesurteil 64	Gyllir 34	Hecht 44	Heri 32
Gurgelbiß 55	Gyma 20	Hedin 39	Herja 31
Grab 49	Gymir 5	Hedin und Högni 79	Herkir 6
Grani 6	**Haarband** 60	Hefring 35	Herkja 35
grau 46	Haare 63	Heid 35	Hermodr 37
Grendel 5	Habicht 40	Heiddraupnir 5	Hertha 28
Grendels Mutter 35	Hafle 34	Heide 49	Hervor => Heidrek
Greppur 34	Hafli 5	Heidrek 39	Hervor und Heidrek => Heidrek
Grer 32	Hafthi 39	Heidungi 6	
Grid 28	Hagen 16	Heilige Hochzeit => Wiederzeugung 55	Herz 63
Grid 35	Hahn 40		Hexe 58
Grim 5	Hala 35	Heiliger Hain = Weltenbaum 52	Hianka 31
Grim 39	Halfdan 39		Hidde 34
Grima 35	Halfdan Brana-Ziehsohn 79	Heilung 64	Hild 31
Grimhild 31		Heilziest 45	Hildolf 5
Grimling 5	Halfdan Eisteinson 79	Heimdall 8	Hildolf 20
Grimnir 5	Hamdir 39	Heimir 39	Himingläva 35
Grim Struppig-Wange 79	Hamingja 50	Heinir 34	Himmel 52
	Hammer 66	Heith 35	Himmelsrichtungs-Mandala 54
Grip 35	Hand 63	Heithdraupnir 5	
Gripir 34	Handschuhe 60	Hel 26	Himmelsträger-Zwerge 32
Grissa 35	Hanf 45	Helblindi 20	
Groa 28	Hannar 32	Helgi 39	Hirsch 42
Grottintanna 35	Hantel-Symbol 55	Helgi Thorisson 79	Hjaltrimul 31

170

Hjortrimul 31
Hjötra 28
Hjuki 29
Hläwang 32
Hlebard 6
Hleidr 35
Hler 10
Hlidolf 32
Hlif 29
Hlifthursa 29
Hlin 29
Hlodyn 20
Hlödyn 20
Hloi 34
Hlöll 31
Hlora 35
Hnoss 29
Hochsitz 57
Hochsitzsäulen 57
Hoddraupnir 5
Hoddrofnir 5
Hödur 19
Hofund 19
Höggstari 32
Högni 16
Högni 39
höhere Mächte 36
Holmgang =>
Zweikampf 55
Holunder 45
Homöopathie 64
Honig 40
Honigtau 45
Hönir 18
Horn 57
Horn (Riesin) 35
Hörn 29
Hörn 35
Horn-Neb 35
Hornbori 32
Hraesvelgr 6
Hrafnhild 35

Hraudnir 6
Hraudungr 5
Hrede 29
Hreidmar 7
Hremsa 35
Hrimgerdr 28
Hrimgerdr 35
Hrimgrimnir 34
Hrimnir 34
Hrim-Riesen 34
Hrimthurs 34
Hringi 5
Hringvölnir 5
Hripstodr 34
Hrist 31
Hrist 29
Hrisungr 6
Hroarr 5
Hrod 35
Hrodwitnir 5
Hrodwitnir 43
Hrökkvir 6
Hrönn 35
Hrossthjofr 34
Hrotti 5
Hruga 28
Hrungnir 5
Hrungnir-Herz 67
Hryggda 35
Hyria 35
Hrym 34
Hrund 31
Hügelgrab 49
Hugin 40
Huhn 40
Huldar 28
Hund 43
Hundalfr 6
Hunding 16
Hvalr 6
Hvedra 35
Hvedrungr 16

Hymir 6
Hymnen an die Götter 80
Hyndla 26
Hypnose 64
Hyrrokkin 26
Idi 34
Idun 25
Igel 44
Illugi Grid-Ziehsohn 79
Ilmr 29
Ima 35
Imd 35
Imgerdr 35
Imr 6
Imsigul 34
Imth 35
In 20
Ingibjörg 29
Ingibiörg 31
Intuition 64
Inzest 51
Irmin 20
Irpa 29
Istwas 20
Itrek 5
Itreksjod 5
Itreksjod 20
Ividja 35
Iwaldi 5
Iwalt 5
Iwiedie 29
Jari 32
Jamtaland-Zwerg 7
Jarngerdr 28
Jarnglumra 35
Jarnhauss 6
Jarnnef 34
Jarnsaxa 28
Jarnvidja 35
Jenseits 49

Jenseitsbarke 49
Jenseitsberge 49
Jenseitsbrücke 49
Jenseitsfährmann 49
Jenseitsfluß 49
Jenseitsgrenzen-Landkarte 49
Jenseitshalle 49
Jenseitsinsel 49
Jenseitsleiter 49
Jenseitsmauer 49
Jenseitsreise 49
Jenseitstor 49
Jenseitstor-Gitter 49
Jenseitstor-Hund 49
Jenseitswächter 49
Jenseitswald 49
Jenseitswasser =>
Wasser 49
Jenseitsweg 49
Johanniskraut 45
Jokul 34
Jokul Eisenrücken 34
Jörd 23
Jomali 20
Jörmungandr 41
Jörmunrek 39
Jorunn 29
Jötunn 6
Jotunbjorn 6
Julnacht 54
Käfer 40
Kaldgrani 34
Kamille 45
Kampfmagie 64
Kannibalismus 55
Kara 31
Karabin 34
Kari 6
Katze 43
Kausalität 55
Keila 34

Keiler 42	**Lachanfall** 64	Luchs 43	Miötwitnir 32
Kenningar 75	Lachen 55	Lutr 34	Mjoll 34
Kerbel 45	Lachs 44	Lyngheid 35	Modgudr 29
Kessel 57	Landgeister 36	**Magni** 19	Modgudr 31
Keule 66	Lauch 45	Malseron 34	Modi 19
Kiebitz 40	Laufey 26	Mana 35	Modrädnir 32
Kili 32	Laurin 7	Managarm 43	Modsognir 7
Kisi 34	Laus 40	Mannus 20	Mögthrasir 6
Kiste 57	Leber 63	Mardalla 27	Moin 32
Kjallandi 6	Leib 63	Marder 43	Mökkurkjalfi 6
Kjallandi 35	Leidi 34	Margerdr 35	Molda 35
Klaufi 34	Leifi 6	Margerthur 35	Mona 20
Klee 45	Leifnir 6	Mangold 45	Mond 48
Kleima 35	Leikn 35	Mantel 67	Mondul 32
Knochen 67	Leimrute 66	Mantel der Nanna 67	Moosfrau von Saalfeld 32
Knoten 64	Leiter 49	Marnar 29	Moosleute von Arntschgereute 32
Kobolde 36	Leirvör 35	Märzviole 45	
Kol der Bucklige 39	Leopard 43	Maske => Helm	
Kolfrosta 28	Lerche 40	Maus 44	Mörn 35
Kolga 35	Lidskialf 20	Meer 49	Möwe 40
Kopf 63	Liebestrank 70	Meer der Zeit 55	Mühle 66
Kormoran 40	Liebeszauber 64	Meer-Menschen 36	Mundilfari 6
Korn 45	Lif 39	Mehlbeere 45	Munin 40
Körperteile 65	Lifthrasir 39	Mehltau 45	Munnharpa 35
Köttr 34	Litr 6	Meili 9	Münze 67
Kraftgütel => Gürtel	Litr 32	Meise 40	Muspel 6
Krähe 40	Ljod 29	Menglöd 22	Muspelheim => Feuer 52
Kraka 31	Ljota 35	Menja 28	
Kranich 40	Lodin 6	Menschenopfer 64	Myrkrida 35
Kräuter 45	Lodinfingra 35	Messer 66	Myrkvid 49
Kreppvör 35	Lodur 16	Midgard 52	**Nabbi** 32
Kriegerin 62	Lofar 7	Midgardschlange 41	Nacktheit 60
Kreuzblume 45	Lofn 29	Midi 6	Nadel 55
Kreuzkraut 45	Lofnheid 35	Midjungr 34	Nägel 55
Krönung 64	Logi 34	Midwitnir 6	Naglfar 49
Kröte 44	Loki 16	Mimir 6	Nain 32
Kuckuck 40	Loni 32	Mist 31	Nali 32
Kuril 6	Lopthoena 28	Mistel 45	Namensgebung 64
Kult 55	Lori 35	Mistkäfer 40	Nanna 21
Kundalini 64	Loricus 6	Mittelpfeiler => Yggdrasil	Nauma (Hel) 35
Kwasir 20	Löwe 43		Nar 32
Kyrmir 6	Löwenmäulchen 45	Mittsommer 54	Narfi 6

Nari Loki-Sohn 19	Nyi 32	Priester 60	Ringkampf 55
Nati 6	Nyr 32	Priesterin 58	Rist 31
Naudir 36	Nyrad 32	Prolog (Edda) 77	Robbe 44
Nebel 64	**Oddrun** 31	Prophezeiung 71	Rögnir 7
Nefia 35	Odin 13/14	Pukis 36	Rose 45
Nehalennia 29	Odr 20	**Rabe** 40	Röskva 37
Neri 30	Ofoti 5	Rad 67	rot 46
Neris Schwester 30	Öflugbarda 35	Radgrid 31	rota 31
Nerthus 28	Öflugbardi 6	Radvör 35	Rotkehlchen 40
Nepr 20	Ogautan 39	Ragnar Lodenhose 39	Rücken 63
Nessel 45	Ogladnir 6	Ragnarök 55	Rud 35
Netz 67	Ogn 35	Ran 27	Rudent 6
Neuentstehung aus den Knochen 55	Ohr 63	Randalin 31	Rudi 34
neun Heimdall-Mütter 35	Oin 7	Randgnid 31	Runa 35
	Olius 32	Randgrid 31	Runen 72
	Ölwaldi 5	Rangbeinn 5	Runenkästchen von Auzon => Kiste
neun Schwestern 35	Omen 71	Rasereitrank 70	
Niblung 7	Onarr 48	Raswid 32	Runenstein 64
Niblung 39	Öndudr 6	Rätsel 76	Runenstein von Ardre 64
Nicor 34	Onn 32	Raud 34	
Nid 64	Opfer 64	Raugnir 34	Rußland-Riese 6
Nidi 32	Orakel 71	Raum 6	Rütze 35
Nidr 28	Oregano 45	Reck 32	Rygi 35
Nidud 16	Ori 32	Regenbogenbrücke 49	**Saemdill** 6
Nieswurz 45	Örnir 6		Saga 28
Niflheim => Eis 52	Ortnit 34	Regin 7	Sährimnir 42
Niping 32	Ösgrui 5	Reginleif 31	Säkarsmuli 6
Nirdir 10	Öskrudr 34	Reiher 40	Salbei 45
Niola 48	Ostara 29	Rentier 42	Salfangr 6
Njola 48	Osten 54	Riesen auf der West-Insel 6	Sam 34
Njörd 10	Otr 32		Sämingr 39
Njörun 29	Otter 44	Riesen-Baumeister 6	Sanngrid 31
Nölvi 10	Otunfaxe 39	Riesen von Feldkirchen 34	Sati 51
Norden 54	**Penis** 55		Säule => Weltenbaum 52
Nordosten 54	Perchta 28	Riesen von Lichtenberg 35	
Nordri 32	persönliches Glück 64		Saxnot 20
Nordwesten 54	Pfeil 66	Rifingalfa 35	Sceaf 20
Nori 32	Pferd 42	Rifingöflu 35	Schachtelhalm 45
Nornen 30	Pferdezwillinge 12	Rigingöflu 35	Schädelschale 63
Norr 34	Pflug 67	Rind 42	Schadenszauber 64
Norr 48	Phol 9	Rindr 20	Schaf 42
Nott 48	Polygamie 55	Ring 57	Schafgarbe 45

Schaumkraut 45
Schierling 45
Schild 66
Schlafdorn 55
Schlangen 41
Schlangenauge 63
Schlangengrube 49
Schlangenzunge 63
Schleifstein => Wetzstein
Schmetterling 40
Schmied 4
Schmied 55
Schnecke 44
Schneeweiß-Goldschöne 28
Schuh 63
Schutzgeist => Fylgja/Hamingja
Schutzzauber 64
Schwalbe 40
Schwan 40
Schwanenkleider der Walküren 40
Schweden-Riese 6
Schwein 42
Schwert 66
Schwitzhütte 64
sechsköpfiger Riese 6
Seehund 44
Seekuh 44
Seelenvogel 40
Seelenvogel 50
Segen 68
Seher 60
Seherin 58
Seidelbast 45
Seidr 64
Sel 6
seltsamer dritter Bruder 55
Sense 67

Siar 32
Sichel => Sense
sieben Schwestern 28
Siegfried 38
Sieglind 31
Siegstein 67
Sif 24
Sigdrifa 31
Sigurd 38
Sigi 39
Sigrlami 39
Sigrun 31
Sigyn 28
silbern 46
Simul 31
Sinmara 28
Sindri 32
Sinthgunt 29
Sivör 35
Sjuld 31
Skadi 20
Skafid 32
Skalden 61
Skaldatal 77
Skaldenlieder 78
Skaldinnen 61
Skalli 34
Skalmöld 31
Skadskaparmal 77
Skärir 5
Skeggiöld 31
Skidbladnir 49
Skimsli 5
Skirnir 37
Skirkjar 35
Skirwir 32
Skjalf 29
Skjalv 34
Skjellinefja 29
Skjöldr 39
Skögul 31
Sköll 43

Skorpion 40
Skrati 34
Skrymir 5
Skrimnir 5
Skuld 30
Slagfid 39
Sleggja 35
Snae 34
Snotra 29
Solbiart 5
Sohn der Freya 19
Sohn des Freyr 19
Solblindi 5
Sölfn 29
Sommer 54
Somr 5
Sonne 48
Sonnengöttin 48
Sonnenhymne 64
sonstige Magie 64
Sörli 39
Spatz 40
Specht 40
Speer 66
Sperber 40
sprechende Tiere 41
Sprichworte 74
Spindel 55
Spinnerin 55
Spiritus familiaris 36
Sprettingr 5
Stab 67
Starkad 6
Starkad 39
Stärketrank 70
Statue 57
Stein 64
Steine und Edelsteine 64
Steinigung 55
Stern 48
Sternbild 48

Sternbild 55
Stigandi 5
Storch 40
Storkvid 34
Stoverkr 34
Strahlen-Breitsame 45
Strudel 49
Struthan 34
Stumi 5
stumm 63
Süden 54
Südosten 54
Sudri 32
Südwesten 54
Surtur 6
Suttung 6
Svada 5
Svadi 5
Svaf 7
Svarangr 5
Svasudr 6
Svatr 6
Sveid 31
Sveipinfalda 35
Svidi 6
Svip 5
Svipul 31
Svivör 31
Swaf 20
Swanhild 31
Swanwit 31
Swawa 31
Swior 32
Swipdag 20
Syn 29
Syr 29
Tafl 57
Tal 52
Tamfana 29
Tarn-Kappe 67
Tarn-Umhang 67

Tasche 60	Thrungva 29	Uri 20	- in Fuchs 65
Tätowierungen 55	Thrym 6	Utgard 52	- in Geier 65
Tattoo 60	Thulur 77	Utgardloki 6	- in Habicht 65
Tau 52	Thundr 6	Ungeheur 41	- in Hecht 65
Taufe 64	Thundr 29	Utiseta 50	- in Hirsch 65
Teer 45	Thurbiörd 35	**Vagnhöftdi** 34	- in Hund 65
Telemark-Riese 5	Tiere 44	Valbrandur 5	- in Krähe 65
Telepathie 64	Tiere der Götter 44	Vali Loki-Sohn 19	- in Lachs 65
Teller 57	Tierfelle 60	Valthögn 31	- in Löwe 65
Tempel 56	Tierfelle bei	Vandil 5	- in Mücke 65
Teufelsabbiß 45	Hinrichtungen 67	Vandlir 5	- in Otter 65
Thagnar 31	Tor 49	Var 29	- in Pferd 65
Theck 32	Torfa 35	Vardrun 28	- in Rabe 65
Thialfi 37	Tote wiederbeleben	Vardrun 35	- in Rind 65
Thiazi 5	64	Vardruna 35	- in Robbe 65
Thing 73	Tragestange 67	Vasad 6	- in Schlange 65
Thiodwitnir 34	Trana 35	Vatermord 55	- in Schwalbe 65
Thistilbardi 34	Traum 71	Velle 5	- in Schwan 65
Thjodrerir 7	Traumdeutung 71	Venus 48	- in Seekuh 65
Thögn 31	Traumfrau 31	Verbene 45	- in Spinne 65
Thökk 35	Trima 31	Verdandi 30	- in Tier 65
Thor 17	Trolle 36	Vervielfältigung von	- in Vogel 65
Thora 28	Trona 35	Körperteilen 65	- in Wal 65
Thorgerdr Hölgabrudr 29	Tuch 57	Vergessenheitstrank 70	- in Walroß 65
Thorin 7	Tuisto 20	Verirren auf der	- in Widder 65
Thorir 6	Tuisto 33	Hirschjagd 55	- in Wolf 65
Thorn 5	Turm 56	Verr 34	- in Ziege 65
Thorstein Haus-Macht 79	Tyr 3	Verwandlung:	- in Ziegenbock 65
Thrain 32	Tyr-Riesen 5	- einer Frau in einen Mann 65	Vidblindi 5
Thrasir 6	**Udr** 35	- einer Frau in eine andere Frau 65	Viddi 34
Thrigeitir 5	Uffe 39	- eines Mannes in eine Frau 65	Vidgreipr 34
Thrivaldi 5	Ulfhedinn 62	- in Adler 65	Vidgymir 5
Thröng 29	Ulfrun 35	- in Bär 65	vier Riesen-Ritter 34
Thror 7	Ullr 11	- in Drache 65	vier Stier-Riesen 34
Thror 20	Umhang => Mantel 60	- in Eber 65	viertüriges Haus 52
Thror 32	Uni 20	- in Falke 65	Vifflöd 29
Thorri 34	Unn 35	- in Fliege 65	Vignir 34
Thrud 31	Unsichtbarkeit 64	- in Floh 65	Vikarr 6
Thrudgelmir 5	Unsichtbarkeits-Stein 67		Vilja 20
Thrudr 29	Urd 30		Vindr 34
			Vingnir 6
			Vingrip 34

Vipar 34	Wegwarte 45	Winter 54	Zwerge 32
Vogel 40	Weig 32	Winteranfang 54	Zwerge:
Vogelsprache 64	Weihung => Segen	Wirwir 32	- im Berg 32
Volkrast 7	Weinen 55	Witr 32	- im Gebirge 32
Vör 29	weiß 46	Witwen-Selbstmord 51	- Kuttenberg 32
Vörnir 34	Weisheiten 74		- Untersberg 32
Vulkan-Riese 34	Weisheitstrank 70	Wolf 43	- Blankenburg 32
Waage 64	Weißstern 39	Wolfsfell 62	- Bonikau 32
Waberlohe 49	Weltenbaum 53	Wortschatz Magie 64	- Dardesheim 32
Wächter 49	Weltesche 53	Wohlstandszauber 64	- Eilenburg 32
Wafthrudnir 6	Wespe 40	Wucherblume 45	- Elbogen 32
Wagen 67	Westen 54	Wurzel 45	- Glaß 32
Wagnhofde 6	Westri 32	Wyrd 30	- Hohenstein 32
Wal 44	Wetter 64	**Yggdrasil** 53	- Heilingsfelsen 32
Wälder =>	Wettlauf 55	Ymir 33	- Nünberg 32
Weltenbaum 52	Wetttrinken 55	Ymis 33	- Osenberg 32
Wald-Riesin 35	Wetzstein 67	Yngvi 32	- Plesse 32
Wali 19	Wichte 36	**Zahlen** 47	- Rosenberg 32
Wali 32	Widar 19	Zähne 63	- Selbitz 32
Walküren 31	Widfinnr 5	Zauberer 59	- Sion 32
Walnuß 45	Wiedergeburt 51	Zauberin 58	Zwerg:
Walroß 44	Wiederholungen 55	Zaubersprüche 68	- Gebirge 32
Waltam 20	Wiederzeugung 51	Zeh 63	- Kyffhäuser 32
Wandteppich => Tempel	Wieland 4	Ziegen 42	- Hohenstein 32
	Wiesel 43	Zisa 29	- Dresden 32
Wanen 36	Wig 32	Zunge 63	- Hoia 32
Warkald 6	Wigrid 55	Zweikampf 73	- Lützen 32
Warr 20	Wili 20	zweiköpfige Riesen 34	- Ralligen 32
Wasser 52	Wili (Zwerg) 32		- Rantzau 32
We 20	Wind (Magie) 64	zwei Zwerge 32	- Scherfenberg 32
Weberin 55	Wind 52	Zwerg auf dem Felsen 32	- Thorgau 32
Wegdrasil 20	Windalf 32		Zwillinge 55
Wegerich 45	Windloni 6	Zwergberg zu Aachen 32	
Wegetritt 45	Windswal 6		